Allein durch Schwangerschaft und erste Babyzeit

Ein Mutmach-Ratgeber für werdende Alleinerziehende

Sina Wollgramm

1. Auflage – März 2020 / Veröffentlichung: 27. März 2020

Disclaimer

Dieses Buch ist nach bestem Wissen und Gewissen erarbeitet worden. Alle Angaben sind ohne Gewähr. Die Autorin haftet nicht für eventuelle Nachteile oder Schäden, die aus den im Buch gegebenen Hinweisen und Tipps entstanden sind. Dieses Buch kann keine ärztliche, therapeutische oder juristische Begleitung ersetzen.

Hinweis

Dieses Buch ist aus der Perspektive einer Frau geschrieben und richtet sich an Schwangere. Aus diesem Grund verzichte ich auch auf eine Genderneutralität.

Dieses Buch enthält Affiliatelinks – bedeutet: Für den Erwerb verlinkter Produkte erhalte ich eine minimale Provision, euch entstehen keinerlei Nachteile. Für die Inhalte verlinkter Websites sind ausschließlich die jeweiligen Anbieter verantwortlich.

Copyright

 Impressum: Sina Wollgramm / Gebäude P-Block A – Nr. 58, Leopoldstraße 2-8, 32051 Herford | Cover-Gestaltung: Silke Wildner

Zum ersten Mal Mutter und mit der frohen Botschaft vom Partner verlassen zu werden, stürzt dich ins Emotionschaos. Aber wie jedes Chaos, kann auch dieses sortiert werden. Schwanger alleinerziehend zu werden bedeutet den Startschuss für ein ganz neues, bewussteres und durchaus glückliches Leben. Stell dich darauf ein unfassbar zu wachsen, denn Wachsen, das tut man nicht in seiner Komfortzone.

Sina Wollgramm

Über mich

Hallo, ich bin Sina (*1991) und alleinerziehend mit meinem kleinen Sohn (*2017). Mit positivem Schwangerschaftstest entschied sich der Vater meines Sohnes gegen uns, obwohl er zuvor immer wieder betont hatte, wie gerne er noch Kinder wolle. Für mich unvorhersehbar und der Beginn eines ganz schön gewaltigen Chaos.

Neben dem Vorbereiten auf das Mutterdasein musste ich mich nun auch darauf einstellen, alleinerziehend zu sein. Keine einfache Aufgabe. Die Trennung und der damit verbundene Aufwand, um rauszufinden, was nun meine nächsten Schritte sein müssen, haben mir die Freude ziemlich genommen und neben der Schwangerschaft auch die ersten Monate mit meinem Sohn überschattet. Ich würde dies als bislang schwerste Phase in meinem Leben beschreiben, aus der ich aber immer mehr eine echte Lebenschance mache.

Mittlerweile bin ich froh um die Situation wie sie ist, erkenne Vorteile und baue mir und meinem Sohn ein gutes Leben auf. Am Anfang scheint genau das – ein gutes Leben – in meilenweite Entfernung geraten zu sein. Für die meisten ist es das auch wirklich, denn gerade in der sensiblen Anfangszeit bedeutet diese Situation häufig, auf Hilfen angewiesen zu sein. Besonders wenn der Schuh finanziell drückt, finden sich Betroffene schnell ganz unten, in Sozialhilfe oder anderen unschönen Zuständen wieder. Aber wie heißt es noch gleich in einem alten Sprichwort: Wenn du glaubst es geht nicht mehr, kommt von irgendwo ein Lichtlein her.
Das Schöne an diesem Lichtlein: Du musst nicht darauf warten, dass es von irgendwoher kommt – du kannst es ganz einfach selbst sein.
Dieser Ratgeber ist kein Ersatz für das Aufsuchen von Beratungsstellen, Behörden oder Ärzten wie Psychologen. Dieser Ratgeber möchte dir bloß eine Stütze sein und dich darin

bestärken, deinen eigenen Weg in ein gutes Leben für dich und dein/e Kind/er zu finden.

Ich bin keine Psychologin, sondern Redakteurin und Mama. 2019 habe ich mich nach dem Kitastart meines Sohnes selbstständig gemacht. Das ermöglicht es mir, flexibel viele bzw. wenige Stunden arbeiten zu können, und das von Zuhause aus, nur wenige Meter entfernt von der Kita. Auch für meinen Sohn bedeutet dies keine Ausreizung der Kitazeit – ich kann ihn so in weniger arbeitsintensiven Zeiten auch deutlich früher aus der Kita holen oder später hinbringen. Für mich die beste Ent-scheidung nach langer Bewerbungsphase.

Die Frage nach der Berufstätigkeit wird in diesem Buch auch behandelt, Schwerpunkt ist jedoch der Start in ein Single-Parent-Dasein ab der Schwangerschaft. Wir beginnen also ganz am Anfang.

Inhaltsverzeichnis

Block II - Mama sein

Vorwort

Hallo, schön, dass du hier bist.

Schwanger, das erste Kind und kein Papa in Sicht? Das Wichtigste zuerst: Es wird alles gut.

Dieses Buch soll dir Mut machen positiv in die Zukunft zu schauen, auch wenn dir das gerade jetzt besonders schwerfällt. In diesem Ratgeber gehen wir Schritt für Schritt gemeinsam, ganz in Ruhe und ohne Eile. Jede Lebensumstellung braucht ihre Zeit – innerlich wie äußerlich. Am Anfang steht da oft eines: Chaos. Und das ist ganz normal.

Auch ich habe am Anfang vor lauter Veränderungen, neuer – auch schmerzhafter – Erkenntnisse und völliger Ahnungslosigkeit wochenlang im Emotions-Chaos gebadet. Aber, heute, drei Jahre nach dem positiven Schwangerschaftstest, kann ich sagen: Es geht und es wird auch für dich gehen.

Wenn auch du gerade schwanger bist und der Vater deines Kindes - aus welchen Gründen auch immer - nicht mehr Teil deines/eures Lebens ist, dann bist du hier richtig.

Alleinerziehend zu sein oder zu werden ist ein großes Thema, das bereits im Ratgeber „Gut leben als Alleinerziehende“ von Silke Wildner und dem Podcast „Das AE-Team – der positive Podcast für Alleinerziehende und solche die es werden (wollen)“ von Silke Wildner und mir, im reellen wie auch positiven Sinne aufgearbeitet wird. Es ist aber nochmal etwas ganz anderes, mit Eintritt der Schwangerschaft in diese Situation zu kommen, und darum geht es in diesem Buch.

Dieses Buch setzt da an, wo noch alle Entscheidungen offenstehen und das Chaos wohl am größten ist. Du musst da nicht allein durch, wir machen das gemeinsam. Ich hoffe dieser Ratgeber kann dir dabei helfen, dich gut für eine schöne Zukunft mit Kind aufzustellen. Ohne ad hoc Entscheidungen zu fällen, denn die Entscheidungen, die nun anstehen, sind unfassbar bedeutend, und egal aus welchen Richtungen Meinungen und Druck auf dich einprasseln: Du hast Zeit für diese Entscheidungen, also atme erstmal tief durch.

Du wirst nur dadurch, dass du (anfangs) Alleinerziehende sein wirst, nicht zwangsweise arm sein oder anderen Klischees entsprechen müssen, die dir vermutlich entgegenschlagen, wenn du mediale Darstellungen vom Alleinerziehenden-Dasein konsumierst. Glaub nicht alles was du siehst, hier wird viel Sozial-Pornographie betrieben. Im Grunde ist ja „nur" kein Papa und damit kein zweites Gehalt da – aber auch das brauchst du nicht zwangsweise, wenn du deine eigenen Finanzen im Griff hast. Wie du all das schaffen kannst, zeigt dir dieses Buch.

Deine Sina

BLOCK I

Mama werden

Zeit für Gefühle und eine erste Entscheidung

Eine Schwangerschaft, besonders die erste, bedeutet für jede Frau große Veränderungen. Du spürst vermutlich die Vorfreude auf dein Baby, aber hast vielleicht auch Angst. Denn so ganz verstehen, was das nun bedeutet und wie sich das Leben nun verändern wird, tut am Anfang wohl keine Mama-to-be. Wenn in dieser hochsensiblen Zeit plötzlich und unvorhersehbar der Partner wegbricht, mischen sich in Vorfreude und Nervosität schnell Wut, Trauer und Fassungslosigkeit.

Es entstehen neben den ohnehin schon neuen Fragen und Herausforderungen dutzende weitere. Schaffe ich das allein? Was bedeutet das für mein Kind? Und über allem schwebt die ohnmächtig machende Verletzung, und die sitzt tief, wenn man sich gerade so intensiv durch das Heranwachsen des gemeinsamen Kindes im eigenen Körper verbunden fühlt.

Wie tiefsitzend diese Verletzung ist, lässt sich mit Worten wohl kaum treffend beschreiben. Ich würde diese Zeit als emotional schlimmste Phase meines bisherigen Lebens bezeichnen. Aber: Hey, ich lebe noch und mittlerweile sogar wieder ziemlich gut und mit vielen, vielen Vorteilen, die meine aktuelle Lebenssituation als alleinerziehende Mama eines zweijährigen Sohnes bietet. Die Vorteile, von denen ich hier spreche, habe ich anfangs überhaupt nicht sehen können - schon gar nicht in der Schwangerschaft.

Ich erinnere mich gut daran, wie meine Welt plötzlich Kopf stand. Da spricht man mit einem Menschen über Kinder und schmiedet Zukunftspläne, von dem man bislang dachte, dass er dieselben Werte und Ziele hat. Im nächsten Moment befindet man sich in freudigen Umständen die je von einer gewaltigen Gewitterwolke überschattet werden. So freudig ist da plötzlich nichts mehr. Es fallen vielleicht böse

Worte, es fließen Tränen. Vielleicht wird aber auch gar nicht viel gesprochen und die Reaktion als solches spricht Bände.

Da hat man einen Grund zur Freude – zumindest wird eine Schwangerschaft gesellschaftlich immer als wahre Freude verkauft – und kann diese Freude plötzlich nicht mehr spüren. Da wächst ein Baby in dir. Ein Baby, das es nur gibt, weil dein Partner und du sich in Liebe verbunden haben – geplant oder ungeplant spielt hier nicht einmal eine Rolle, denn die Verantwortung tragen immer beide Elternteile. Auch bei Verhütungsmitteln bleibt immer das Restrisiko einer Schwangerschaft bestehen. Die Verantwortung beginnt also nicht erst mit positivem Schwangerschaftstest, sondern lange davor – in dem Moment, indem zwei Menschen entscheiden, miteinander zu schlafen.

Ich weiß noch wie ich innerlich völlig aufgelöst war und plötzlich gar nicht mehr wusste, was ich möchte und was ich nun tun soll. In mir hatte der positive Schwangerschaftstest das starke Gefühl der Zusammengehörigkeit und noch tieferer Liebe zu meinem damaligen Partner hervorgerufen. Für ihn war das der Moment die Reißleine zu ziehen. Kopf und Herz schmettern hier wie zwei Naturgewaltenin entgegengesetzte Richtungen.

Heute weiß ich, dass dieser Moment schon den grundlegenden Unterschied macht, zwischen den Arten, auf die man alleinerziehend werden kann. In diesem Moment steckt eine wahnsinnig große Gefahr für dich und deinen zukünftigen Seelenzustand.

Denn in diesem Moment steht noch völlig offen, ob du das Kind nun allein bekommen möchtest oder nicht. Du bist plötzlich allein mit einer wahnsinnig großen Entscheidung. Vielleicht bittet dich der Vater deines Kindes noch darum den Prozess abzubrechen und setzt dich mit seiner Ablehnung und dem Verlassen unter Druck.

Das Gefühl, das am schnellsten auf dem Plan steht, ist hier wohl die Angst. Wir haben Angst vor dem Ungewissen. Wir werden aus unserer Komfortzone gedrängt und möchten diese Gefühle nicht spüren. Wir sind gerade nicht bereit, noch mehr Veränderungen ins Auge zu blicken, und die ein oder andere Frau wird in dieser Situation aus purer Angst und Ohnmacht bloß den einen Ausweg sehen.

Wenn du dich gerade genau hier befindest: Halt, Stopp.

Es gibt eine Sache, die du dringend über Gefühle wissen solltest. Unsere Gefühle bestimmen über unsere Gedanken, und aufgrund unserer Gedanken treffen wir Entscheidungen. Wenn wir uns also im Strudel negativer Gefühle wiederfinden, werden auch unsere Gedanken immer schwärzer. Wir suchen im Außen nach Bestätigungen für unsere Zweifel und die finden wir auch. Denn wir finden immer das, wonach wir suchen. Jede Kleinigkeit – Blicke können schon genügen – deuten wir gegen uns, wenn wir ungute Gefühle haben. Wir sehen uns vielleicht darin bestätigt keine Chance zu haben, unsere Situation ins Positive zu drehen, treffen eine Entscheidung und fragen uns bis ans Ende unseres Lebens, ob es nicht vielleicht doch anders gegangen wäre. Darum beobachte deine Gefühle und deine Gedanken ganz genau, bevor du eine Entscheidung triffst.

Atme einmal tief durch. Nimm dir einen ruhigen Moment nur für dich, und dann mache dir bitte ganz, ganz deutlich, von welchen Faktoren du deine Entscheidung wirklich abhängig machst. Mein anfängliches Gefühlschaos hing zu 100 Prozent von der unerwarteten und ambivalenten Reaktion des Vaters meines Sohnes ab. Schon immer wollte ich Kinder. Mit 14 Jahren habe ich schon gesagt, dass ich ein Kind immer behalten würde und nur eine Vergewaltigung oder nachweisliche schwere Behinderungen ein Grund für mich wären, über eine Abtreibung nachzudenken. Elf Jahre später wollte mein Entscheidungspendel nicht ausschlagen. Ich hatte keine Tendenz – weder in die eine noch in die andere Richtung. Ich stand auf null und schwebte im luftleeren Raum, bis ich mich fragte, warum das so ist. Bis ich mir selbst die Frage stellte, von welchen Faktoren ich meine Entscheidung abhängig machen möchte. Nachdem ich mich und meine Gefühlswelt dementsprechend reflektiert hatte, war mir klar, dass ich meine Entscheidung nicht von dem Verhalten einer anderen Person abhängig machen, sondern rein aus *mir* heraus treffen wollte.

Frag dich, wie du zu der Vorstellung stehst, Mama zu werden und entscheide auf dieser Grundlage – ungeachtet aller äußeren Umstände, denn: die lassen sich ändern!

Frag dich, wie du dich fühlen würdest, wenn dein Ex-Partner positiv reagiert hätte. Denn nur um dieses Gefühl – DEIN Gefühl - geht es.

Und auch die grundsätzlich geltende Garantie-Losigkeit kann hier helfen. Du hättest auch im glücklichen „Kernfamilien-Zustand“ keine Garantie darauf, nicht alleinerziehend zu werden. Es gibt keine Garantie dafür, nicht nach einem, nach zwei oder nach zehn Jahren verlassen zu werden und es gibt auch keine Garantie dafür, dass ihr gesund bleibt und morgen noch da seid. Was ich damit sagen möchte ist: Mach deine Entscheidung nicht von Faktoren abhängig, auf die du ohnehin keinen Einfluss hast.

Wenn du dich heute für dein Kind entscheiden und in drei Jahren plötzlich Alleinerziehende werden würdest, würde sich die Frage - Kind ja oder nein - auch nicht mehr stellen, denn dann wäre es ja bereits da. Dann würdest du „nur“ noch nach Lösungswegen suchen, für die Probleme, die dann im Fokus stehen und diese Lösungen, die gibt es in jedem Fall. Auch wenn der Weg nicht immer einfach wird, ich verspreche dir: Es gibt mehr Lösungen als Probleme.

Schritt 1: Das Gefühlschaos erkennen

Das erste Problem, das dringend erkannt werden muss, wenn du schwanger bist und dein Partner sich verabschiedet hat, ist das Wirrwarr in deinem Kopf und Herzen. Die Emotionen wüten in dir wie ein Tsunami und die Hälfte der Zeit kannst du gar nicht benennen, was du da eigentlich gerade fühlst. Doch genau das ist fundamental wichtig. Bennenen. Was ist es, das du fühlst? Um an deine Emotionen heranzukommen, musst du dir klar darüber werden, in welcher Emotion du gerade steckst.

Gar nicht so einfach, weil die Schwangerschaftshormone ihr Übriges tun? Ja, die mischen sich auch noch mit rein – als kleines Bonusgeschenk und Topping für die ohnehin schon fünfstöckige Wirrwarr-Torte. Doch auch mit Topping lässt sich diese Torte Stück für Stück zerlegen.

Ich schreibe bewusst das Gefühlschaos „erkennen“ und nicht „lösen“, da das komplette Auflösen dieses Zustandes nicht mit dem Befolgen ein paar kleiner Tipps erledigt ist. Die Auflösung dieses Chaos ist ein Prozess, der lange dauern kann, und das darf er auch. Das Chaos zu erkennen und sich selbst herleiten zu können, woher so manch blöder Gedanke oder so manche Wut gerade kommt, ist jedoch der erste Schritt, der dir hilft, dein Chaos anzunehmen und übergeordnet klare Gedanken fassen zu können. Der erste Schritt in eine glückliche Zukunft mit Kind.

Lerne deine Gefühle kennen, was wollen sie dir mitteilen?

Deine Gefühle haben eine Bedeutung und das ist gut so. Die Angst möchte dich beschützen. Die Wut sagt dir, dass du etwas als falsch empfindest. Freude verrät, dass gerade einfach alles schön ist und sich gut anfühlt. Und Trauer sagt uns, dass da eine Wunde in uns ist, die geheilt werden möchte. Gefühle lassen sich leicht und auf lange Zeit verdrängen. Wenn wir etwas absolut nicht fühlen wollen, dann ist es relativ einfach, dieses Gefühl zu unterdrücken, doch führt diese Verdrängungstaktik häufig zu ernsthafteren, körperlichen und psychischen Beschwerden, die dir und deinem Körper nachhaltig schaden können. Es ist also gut und wichtig, sich mit den eigenen Gefühlen auseinanderzusetzen, denn wer versteht, was in ihm vorgeht und in welcher Phase er sich gerade befindet, der verschafft sich einen ganz anderen Zugang zu sich selbst und macht sich das Verarbeiten so ein großes Stück leichter.

Erklären kann dieses Phänomen unter anderem der Roller Coaster Ride nach den Wissenschaftlern Joe B. Hurst und John W. Shepard. Sie haben 1986 die „Gefühlsachterbahn“ erforscht und ihr Roller Coaster Modell aufgestellt. Dieses Modell ist unterteilt in verschiedene Phasen.

Besonders spannend: Diese Phasen stellen sich für sämtliche Traumata gleich dar. Egal ob Liebeskummer, Trennung, Tod eines geliebten Menschen oder Ähnliches. Wenn du verstehst, in welcher Phase du gerade steckst, dann verstehst du dich schon ein ganzes Stück besser und kannst dich langsam durch den Zyklus arbeiten.

Und so sehen diese Phasen aus:

1. Vorahnung: Du hast bereits ein Dilemma im Kopf und ahnst, was kommen kann (zum Beispiel vermutest du schon die Ablehnung des Kindsvaters bei positivem Schwangerschaftstest) und versuchst dich innerlich emotional darauf einzustellen
2. Schock: Deine Befürchtung hat sich bestätigt (von Seiten des Kindsvaters kommt nur Ablehnung gegenüber dir und eurem ungeborenen Kind). Das tut weh und der Schmerz sitzt tief.

Wie bei einer schweren körperlichen Verletzung gerät dein Körper auch hier in die Schock-Phase. Du brauchst nun Zeit, um deine Situation zu verarbeiten und um zu realisieren, dass die Entscheidung (Trennung) endgültig ist. Ohne Vorahnung ist der Schock hier wohl noch größer.

3. Trauer: Die Verletzung sitzt tief, und du brauchst Zeit wirklich zu trauern. Vielleicht trauerst du nicht um einen Verstorbenen, aber du trauerst um die Lebensvorstellung, die du für dich hattest und die dir gerade unter den Füßen weggerissen wurde. Hier spielen unendlich viele Vorstellungen und Werte eine Rolle, die dir vielleicht seit Kindheitstagen anerzogen wurden oder unterbewusst in dir angelegt sind (siehe Kapitel: „Werte und das Problem mit ihnen").
4. Anstrengung: Die erste Trauer ist überstanden. Diese darf in Wellen immer wiederkommen – denn das alles ist ein Prozess, der nicht von heute auf morgen bewältigt ist. Doch wenn die erste Trauer verarbeitet ist, beginnst du nach

Lösungen zu suchen. Wie geht es weiter? Wo bekommst du Hilfe? Das kann der Gang zu pro familia oder zur Caritas sein, das Anvertrauen bei deinem Frauenarzt/deiner Frauenärztin, das Durchstöbern des Internets nach Hilfestellungen oder der Erwerb und das Lesen dieses Ratgebers. Du suchst nach Bewältigungs-strategien- und das ist der erste Schritt in deine Zukunft – deine GUTE Zukunft.

➔ Nun kann sich direkt Enthusiasmus einstellen und es geht schnell positiv nach vorne, was bei einem so einschneidenden Erlebnis wie das Verlassenwerden in der Schwangerschaft wohl eher selten der Fall sein dürfte, wenn es noch so wünschenswert ist. Sollte dich deine Situation trotz aller Anstrengungen immer wieder einholen geht es wie folgt weiter:

5. Sorge: Es mischen sich immer wieder Zweifel in deine bemüht positive Haltung. Schaffe ich das wirklich allein? Was, wenn das Geld nicht reicht?

Was mache ich, wenn mit dem Kind etwas nicht stimmt und es eventuell einen Pflegebedarf hat? Werde ich ein gutes Netzwerk aufbauen können, das mir hilft? Habe ich noch einen Anspruch auf meinen Arbeitsplatz nach einem Jahr Elterngeldbezug? Werde ich frühzeitig einen Kitaplatz bekommen? Kann ich meine Ausbildung noch abschließen oder das Studium pausieren lassen? Aus diesen Sorgen können echte Existenzängste wachsen, die nicht selten auch zu Panikattacken führen können. Allerdings ist auch dies eine Phase des Roller Coasters. Nach jeder Phase kommt auch wieder eine neue Phase. Mach dir also bewusst, dass du mitten in einem wichtigen Prozess steckst, zu dem auch diese Sorgen dazugehören. Diese Fragen werden nicht auf immer dein Begleiter sein. Es ist so verständlich, dass sie es vielleicht jetzt gerade in diesem Moment sind. Das versteht niemand besser als ich, doch es ist in einigen Monaten rückblickend betrachtet eben nur eine von vielen Phasen gewesen, auf deren Bewältigung du mit Stolz zurückschauen wirst.

6. Frust und Wut: Es kann seine Zeit dauern, bis Lösungen umgesetzt sind. Beispielweise steht dir Betreuungsunterhalt zu, den dein Ex auch zahlen kann, doch musst du monatelang auf einen Gerichtstermin warten – Monate, in denen du das Geld brauchst, es aber nicht zur Verfügung hast. Du hast das Gefühl nichts kommt voran. Du reflektierst immer wieder wie du in diese Situation gekommen bist und das macht dich immer wieder erneut wütend auf deinen Ex, der dir vielleicht Versprechungen gemacht hat, die er nicht gehalten hat, und die er auch seinem ungeborenen Kind gegenüber nicht halten wird. Dann wäre es ein Wunder, wenn die Behörden so arbeiten würden, wie es eigentlich vorgesehen ist - also wirst du auch hier immer wieder mal wütend, denn es frustriert, nur mit hartnäckigem Kämpfen und permanentem Übernehmen der Arbeit anderer, zu seinem Recht zu

kommen. Das Problem mit der Wut ist nur: Wenn du allem anderen die Schuld gibst, dann hast du kaum eine Chance, diese Wut für dich zu verarbeiten. Die Wut trifft nur dich selbst – das eigentliche Ziel deiner Wut alias Ex-Partner, bekommt nichts davon ab. Du kannst die Dinge nicht ändern, du kannst nur immer wieder versuchen, gelassener damit umzugehen und dich auf das zu konzentrieren, was du selbst in kleinen Schritten für dich schaffen kannst und auf das, was wirklich wichtig ist: dein Baby.

7. Selbstaufgabe: Diese Phase muss nicht eintreten, es kann aber dazu kommen, dass du dabei bist, dich selbst aufzugeben, wenn du immer und immer wieder nur gegen vermeintlich verschlossene Türen rennst. Die Prozesse, die du in deiner Situation gehst, sind teilweise langwierig. Du kannst dir nur immer wieder Ruhephasen für dich gönnen. Kleine Momente im Alltag, in denen du nur machst, was dir Spaß macht. Versuche dir Dinge vorzunehmen, auf die

du dich freuen kannst. So überbrückst du auch langanhaltende schwierige Phasen, bis endlich alle Formalitäten geklärt sind. Umgib dich mit Dingen und ausschließlich Menschen, die dir guttun.

8. Depressionen: Mit unseren Gedanken können wir uns selbst ganz schön runterziehen. Depressionen sind in deiner Situation keine Schande und auch keine Seltenheit. Es gibt depressive Verstimmungen und echte Depressionen, bei denen sich depressive und manische Phasen abwechseln. Wenn du das Gefühl hast, an Depressionen zu leiden, dann scheue nicht den Gang zum Psychologen. Die Krankenkasse wird in deiner Ausnahmesituation mit hoher Wahrscheinlichkeit einer Psychotherapie zustimmen. Das Gute: Du musst es niemandem erzählen, wenn du nicht willst und du kannst einfach mal mit jemand Unbeteiligtem über deine Situation sprechen. Du bist wichtig und verdienst nur das Beste. Kümmere dich um

dich selbst so gut du kannst und nimm die Hilfen und Angebote an, mit denen du dich wohler fühlst. Du musst das alles nicht allein schaffen. Alleinerziehend zu werden bedeutet nicht, alles allein schaffen zu müssen. Nicht umsonst heißt es in anderen Kulturkreisen „Es braucht ein Dorf, um ein Kind zu erziehen“. Niemand hat gesagt, dass du da allein durchmusst, nur weil es den Vater nicht interessiert. Schütze dich und deine energetischen Ressourcen, indem du Hilfe annimmst.

9. Hoffnung: Es muss natürlich nicht zwangsweise soweit kommen, dass du in Depressionen versinkst. Schon kleine Teilerfolge können immer wieder aufbauen und motivieren. Sei es die Durchsetzung der Vaterschaftsanerkennung oder das Erlangen eines Unterhaltstitels. Vielleicht hast du einen schönen, kleinen Wohnraum für dich und dein Baby gefunden und bereits die ersten kleinen Teile für dein Baby shoppen können. Das ist großartig und es wird

unglaublich sein, deinen kleinen Untermieter bald auf dieser Seite deiner Bauchdecke kennenlernen zu dürfen. Und nein, es gibt nichts, was du deinem Baby nicht bieten können wirst. Denn die tolle Neuigkeit ist: Dein Baby braucht nur eins - dich als seine Mama. Es ist eh am liebsten da, wo du bist, da nützt das schönste oder teuerste Babyzimmer auch nichts. Jede ehrliche Mutter wird zugeben, das Babyzimmer mehr für sich selbst hergerichtet zu haben, weniger weil es gebraucht würde. Nimm die Hoffnung in dir auf und zieh so viel positive Kraft aus den schönen Vorstellungen in deinem Kopf, wie du kannst, denn das was du denkst, das wird sich manifestieren.

Dein Gefühlschaos am Anfang ist nicht nur absolut nachvollziehbar, es baut sich auch auf zwei sehr starken Ebenen auf, die nicht widersprüchlicher sein könnten. Da ist die Entstehung einer Familie. In dir wächst ein Baby und das würdest du so, so gerne mit deinem Ex-

Partner erleben. Dem gegenüber steht das Verhalten dieses Ex-Partners. Natürlich kannst du nicht verstehen, wie er das ablehnen kann, was dich gerade so unfassbar einnimmt und was auch eigentlich Teil von ihm ist. Natürlich ist da die anfängliche Hoffnung „das meint er nicht ernst“ oder „der ist nur verwirrt“ und dann schweben dir Sätze von anderen entgegen, die da lauten: „Warte mal ab, bis das Baby da ist, dann interessiert das auch den Vater“. Nein. Warten musst du auf rein gar nichts. Ich kann total verstehen, wenn es deine stille Hoffnung ist, dass dein Ex-Partner doch noch einmal Teil eurer Familie sein wird. Doch wenn wir ehrlich sind, weißt du eigentlich anhand seiner anfänglichen Reaktion, dass du was Besseres verdient hast und da kein Verlass drauf ist. Versuche den Fokus auf dich zu legen und beschäftige dich nur noch mit den Dingen, die du aus dir heraus organisieren oder tun kannst, damit es dir und deinem Baby gut geht.

Schritt 2: Bring Struktur in das Chaos – gib den Baustellen Namen

Mein persönlicher Tipp in dieser Lage: Versuche eine Trennung vorzunehmen zwischen a) Schwangerschaft und Vorbereitung aufs Baby, b) Verpflichtungen des Vaters und c) Verarbeitung der Trennung.

Auf diese Bereiche möchte ich in Checklisten-Form näher eingehen. Beginnen wir mit dem ersten Punkt: Schwangerschaft und Baby.

Checkliste A – Schwangerschaft und Vorbereitung aufs Baby

Eine Schwangerschaft bedeutet viele neue Aufgaben. Dazu zählen:

○ Frauenarzt: Hast du einen Frauenarzt oder eine Frauenärztin und fühlst du dich dort wohl? Wenn nein, ist jetzt der Zeitpunkt gekommen dich umzuschauen, deinen Mutterpass zu bekommen und alle wichtigen Termine ab sofort wahrzunehmen

○ Hebamme: Je früher du von deiner Schwangerschaft weißt, umso besser stehen noch die Chancen eine Hebamme zu bekommen. Es herrscht Hebammen-Mangel in Deutschland und eine Garantie auf eine Hebamme gibt es somit nicht. Recherchier im Internet wer in deiner Nähe in Frage käme. Es ist nicht zwingend notwendig eine Hebamme zu haben. Für dich bietet sich mit Hebamme nach der Entbindung aber häufiger die Gelegenheit, um Rat zu fragen und im Umgang mit dem Baby unterstützt zu werden

○ Keine Panik vor dem Wochenbett: Dir steht als alleinerziehende Mama während der Zeit des Wochenbetts (zwei Wochen nach der Entbindung) eine Haushaltshilfe zu. Diese kannst du bei deiner Krankenkasse beantragen. Erkundige dich frühzeitig bei deiner Krankenkasse und schaue dir den Servicerahmen bezüglich der Schwangerschaft an

○ Informiere deinen Arbeitgeber: Mit Ablauf des ersten Trimesters solltest du auch deinen Arbeitgeber über deine Schwangerschaft informieren. Wenn du noch in Ausbildung bist finden sich eventuell Lösungen, die Ausbildung pausieren zu lassen oder noch vor der Entbindung zu beenden. Suche hier am besten das Gespräch und geh offen mit deiner Situation um, denn nur wer redet, dem kann auch geholfen werden

○ Krankenhaus, Geburtshaus oder Hausgeburt? Wie möchtest du entbinden? Schau dir Kreißsäle und Geburtshäuser an – wo fühlst du dich wohl? Auch die Frage, ob du jemanden bei der Entbindung dabeihaben möchtest, und wenn ja, wen, solltest du nun klären

○ Vorbereitungskurse: Such dir einen Vorbereitungskurs. Die hauptsächlichen Kosten trägt die Krankenkasse. Eventuell musst du einen kleineren Betrag dazuzahlen. Der Vorbereitungskurs ist die erste und eine sehr gute Gelegenheit, ein Netzwerk aufzubauen. Vielleicht versteht ihr euch sogar so gut, dass ihr als Gruppe eine gemeinsame WhatsApp-Gruppe erstellt, in der ihr euch über die nächsten Jahre austauschen und unterstützen könnt. Hab keine Angst davor, glücklichen Paaren gegenüber zu sitzen. Es gibt auch Kurse, die ausschließlich auf Frauen ausgerichtet sind – ohne Partner

○ Wohnraum: Wie wohnst du und ist deine Wohnsituation für ein Baby in Ordnung? Für mich persönlich war sofort klar, dass ich im Dachgeschoss in einem Haus an einer viel befahrenen Hauptstraße ohne Garten und mit Waschmaschine im Keller ohne Aufzug nicht bleiben konnte. Schau dich entsprechend um. Vielleicht möchtest du den Wohnort auch komplett wechseln, weil du vielleicht nur wegen deines Ex-Partners in diese Stadt oder diesen Ort gezogen bist. Vielen hilft die Nähe zu Familie oder Freunden, die dich in den nächsten Jahren unterstützen bzw. besuchen können. Eine kleine Erdgeschosswohnung mit fußläufigen Entfernungen zu Kita, Schule, Supermärkten und Anbindung an öffentliche Verkehrsmittel könnte bei deiner Suche im Fokus stehen – neben dem Mietpreis natürlich. Mit Wohngeldrechnern im Internet kannst du ermitteln, ob dir Wohngeld zusteht.

○ Geld: Das Thema Finanzen wird nun besonders heiß. Hierzu gibt es ein eigenes Kapitel weiter hinten im Buch. Während der

Schwangerschaft gilt folgendes: Du stehst unter Kündigungsschutz. Läuft dein Arbeitsvertrag in der Schwangerschaft aus, könnte dies jedoch problematisch werden. Grundsätzlich hast du einen Anspruch auf **Mutterschaftsgeld** (sechs Wochen vor dem errechneten Geburtstermin bis acht Wochen danach). Das Mutterschaftsgeld beantragst du bei der Krankenkasse. Nach dem Mutterschaftsgeld kannst du **Elterngeld** beziehen. Den Antrag bereitest du am besten schon vor der Entbindung vor. So musst du nach der Entbindung nur noch das Geburtsdatum deines Kindes eintragen. Das Elterngeld kannst du als Alleinerziehende oder Mehrlingsmutter 14 anstatt 12 Monate beziehen. Die Höhe entspricht in etwa 64 Prozent deines vorherigen Nettogehalts – nein, warum du mit Erschaffen eines neuen Erdenbürgers und künftigen Steuerzahlers im Auge des Staates „weniger" Wert bist als dein volles Nettogehalt, ist völlig unerklärlich aber leider wahr. Du kannst das Elterngeld aber auch auf zwei Jahre aufteilen. Dann erhältst du über 24 Monate hinweg die Hälfte dessen, was du bei der Beantragung eines Jahres bekämst. Ebenfalls vorbereiten kannst du den Antrag auf **Kindergeld**, den du nach der Entbindung an die Familienkasse schickst. Du bekommst für das erste Kind aktuell 204 Euro (Stand: März 2020).

○ Baby-Erstausstattung: Wenn du dir eine Erstausstattung finanziell nicht leisten kannst, dann gibt es immer noch günstige Alternativen. Frag bei der Caritas und anderen allgemeinnützigen Organisationen nach, schaue bei eBay-Kleinanzeigen rein, frag Freunde und Verwandte nach gebrauchten Artikeln, die nicht mehr benötigt werden. Irgendwo im näheren Umfeld gibt es immer Kinder, sicher finden sich hier Lösungen für dich. Auch der Gang zu Flohmärkten kann sich lohnen und bietet sogar Vorteile: Aus bereits mehrfach gewaschenen Teilen sind sämtliche Chemikalien rausgespült. Dein Baby lebt also theoretisch sogar gesünder als in neu gekaufter Kleidung. Vorsortierte Flohmärkte sind wohl die beliebteste Form der Flohmärkte. Mit Mutterpass darfst du bei den meisten Flohmärkten sogar eine Stunde eher rein, als andere Mütter – die kleinsten Größen sind häufig besonders schnell weg – deine Chance! Auch digital kannst du Schnäppchen machen – zum Beispiel bei Mamikreisel. In puncto Windeln kannst du via Stoffwindeln oder durch das Windelmobil (sofern in deiner Region vorhanden) sparen

○ Vaterschaftsanerkennung: Schon vor der Geburt deines Kindes ist es möglich, dass der Vater sein Kind anerkennt. Dazu müsst ihr jedoch beide zum Jugendamt und eine Vaterschaftsanerkennung unterzeichnen. Sollte sich der Vater deines Kindes dagegen sperren, kannst du diese Anerkennung gerichtlich einfordern. Dieser Punkt begegnet dir dann in der Checkliste B wieder.

○ Unterhalt: Du bist in den ersten drei Lebensjahren deines Kindes rechtlich einer Ehefrau gleichgestellt. Entsprechend steht dir auch Unterhalt zu. Diese Form des Unterhalts wird **Betreuungsunterhalt** genannt. Dieser ist vergleichbar mit dem nachehelichen Unterhalt im Falle einer Scheidung. Deinem Kind steht selbstverständlich Kindesunterhalt zu. Die Höhe des Betreuungsunterhalts orientiert sich stark an deinem vorausgegangenen Gehalt und dem des Kindsvaters. Es gibt keine öffentliche Stelle, die den Betreuungsunterhalt regelt, diesen musst du mit Anwalt einklagen – näheres dazu und wie du keine Anwaltskosten trägst, erfährst du in Checkliste B. Der **Kindesunterhalt** bemisst sich ebenfalls am Einkommen des Kindsvaters und auch an der Düsseldorfer Tabelle, die den Mindestkindesunterhalt vorgibt. Sollte es dem Kindsvater nicht möglich sein, überhaupt irgendwelche Gelder zu zahlen, so steht dir für dein Kind immerhin noch der **Unterhaltsvorschuss** zu. Dieser wird durch die Jugendämter gezahlt. Leider beträgt die ausgezahlte Summe dann nicht mehr den Kindermindestunterhalt, sondern nur noch circa 60 Prozent dessen

- ◯ Lass dich nur von Menschen (Ärzten und Hebammen) betreuen, bei denen du dich gut aufgehoben fühlst
- ◯ Abonniere einen Newsletter, mit dem du wöchentlich Updates zur Entwicklung deines Kindes bekommst - Du wirst viele neue Dinge lernen. Wer sich für gut aufgeklärt hält, erlebt in einer Schwangerschaft so einige News. Es ist spannend und verbindet dich ein bisschen mehr mit dem, was gerade in deinem Körper passiert
- ◯ Lies nicht zu viel über mögliche Komplikationen. Du wirst ohnehin immer wieder mal Symptome googeln. Wichtig und richtig ist natürlich immer eher der Gang zum Frauenarzt. Selbes gilt später, wenn dein Kind da ist und mal krank ist – ab zum Kinderarzt.

○ Such dir einen Kinderarzt in deiner Nähe und melde dich dort schon einmal für die weiterführenden Untersuchungen nach der Entbindung an

○ Hartz IV: So sehr ich allen werdenden Mamas wünsche, nicht auf Hartz IV angewiesen zu sein. Wenn dies der Fall ist, dann scheue den Weg zum Amt keinesfalls. Es ist der Staat, der sich schämen sollte, keine anderen Alternativen für Frauen zu haben, die sich um Nachwuchs für die ach so wichtige Wirtschaft kümmern.

Wenn das Baby da ist:

○ Anmeldung: Du hast eine Woche lang Zeit, dein Baby anzumelden und die Geburtsurkunde zu beantragen. Die meisten Krankenhäuser bieten die Möglichkeiten, diese Formalitäten zu erledigen. Dazu werden allerdings alle Geburtsurkunden benötigt also deine und die des Vaters. Den Vater solltest du unbedingt angeben, denn der ist unterhaltsverpflichtet. Seine Eintragung in die Geburtsurkunde macht die Schritte, die auf der Elternebene gegangen werden müssen, leichter. Im Zweifel müssen auch hier juristische Wege gegangen werden

○ Familien-Krankenversicherung: Schreibe deine Krankenkasse an und fordere eine Gesundheitskarte für dein Kind an. In der Regel werden Kinder kostenfrei bei dir mitversichert

Checkliste B – Verpflichtungen des Vaters

○ Elternschaft verbindet – ob gewollt oder nicht. Das bedeutet, dass es zwar für Väter immer noch extrem einfach ist, sich aus der Verantwortung zu ziehen, aber zumindest finanziell müssen auch diese ran. In Checkliste A hast du bereits einen Überblick über Gelder bekommen, die dir zustehen. Einiges davon – besonders die Gelder, die dir persönlich als Mutter zustehen - muss dank geltender Privatautonomie in Deutschland via Anwalt geregelt werden. Viele Anwälte fungieren aber auch als Mediatoren und versuchen außergerichtlich zu einer Lösung mit beiden Parteien zu finden. Das hat den Vorteil, dass kein teurer Prozess ins Haus steht. Wenn du wegen einer Scheidung ohnehin einen Anwalt brauchst, dann ist es das Einfachste, alles nachehelicher Unterhalt (bzw. Betreuungsunterhalt), Kindesunterhalt und das Auseinanderdividieren eurer

Ehe – über diesen Weg zu regeln und nicht noch zusätzlich Wege über das Jugendamt zu beschreiten

○ Vom Elterngeld sind 300 Euro anrechnungsfrei. Dieses Geld zählt nicht zu Deinen Einkünften und wird in einer gerichtlichen Unterhaltsberechnung nicht angerechnet. Der Vater muss darlegen, warum er keiner Beschäftigung nachgeht, wenn das der Fall ist. Er darf sich wirtschaftlich nicht mit Absicht verschlechtern. Also nicht kündigen und einen schlechter bezahlten Job annehmen, um weniger Unterhalt zahlen zu müssen - das ist gesetzeswidrig. Gibt es ein Gerichtsurteil und der Vater kommt der Zahlungsaufforderung dennoch nicht nach, ist das strafbar. In kürzester Zeit wird dann ein Gerichtsvollzieher eingeschaltet. Mein Tipp: Schreiben zwischen Anwälten können oft dreckige Lügen auf den Plan rufen. Befasse dich, wenn möglich, nicht zu sehr mit den Inhalten gegnerischer Schreiben. Du kennst die Wahrheit und diese Nebenkriegsschauplätze haben vor Gericht absolut keine Relevanz

- Erwirke in jedem Fall einen Titel für Unterhaltszahlungen. Mit einem Titel kannst du jederzeit die Vollstreckung der Zahlungen veranlassen, sollte dein Ex entgegen der Regelungen nicht zahlen
- Der Unterhaltsanspruch als nichteheliche Mutter beläuft sich auf drei Jahre. Sobald dein Kind drei Jahre alt wird, entfällt die Unterhaltsverpflichtung deines Ex für dich. Allerdings: Unter besonderen Voraussetzungen kannst du eine Verlängerung der Unterhaltspflicht erwirken. Hierzu zählt zum Beispiel eine nachweislich nicht stattfinden könnende Betreuung des Kindes
- Der Vater deines Kindes ist deinem Kind gegenüber unterhaltsverpflichtet. Da du als Mutter für die Interessen deines Kindes einstehst, forderst du diese Zahlungen, die sich an

der Düsseldorfer Tabelle orientieren, ein. Deinem Kind steht dieses Geld zu – es dient als Zuschuss zur Finanzierung des Lebens deines Kindes. Denn dein Kind möchte warm wohnen, stets etwas zu Essen haben, und Kleidung in der passenden Größe wäre auch hervorragend. Dafür hat der Kindsvater finanziell zu unterstützen. Du gewährst bereits dadurch, dass dein Kind in deinem Haushalt lebt, Unterhalt in Form des Naturalunterhalts (§ 1612 Abs. II BGB). Darin enthalten sind freie Kost, Wohnen, Versorgung, Sachaufwendungen aber auch angemessenes Taschengeld – du trägst den eindeutig höheren Teil der Unterhaltskosten, der Vater kauft sich hier eher frei

Neben der Unterhaltspflicht entstehen für Kinder auch Mehrbedarfe. Hierzu zählen zum Beispiel Kitagebühren oder Kosten für Klassenfahrten. An diesen Kosten hat sich der Vater anteilig zuzüglich zum Kindesunterhalt zu beteiligen

Mindset-Tipp: Lass kein Geld liegen. Viele Frauen verzichten aus falscher Scham darauf, beim Kindsvater bezüglich des Unterhalts anzuklopfen. Es besteht ein vom Staat vorgesehener Rechtsanspruch auf diese Zahlungen und das hat einen verdammt guten Grund. Dir und deinem Kind stehen diese Zahlungen zu. Diese Zahlungen sind gerade am Anfang maßgebend für euren Lebensstandard. Ein Elternteil, das jegliche Verantwortung ablehnt, sollte sich mindestens der finanziellen Verantwortung stellen. Das ist das absolut mindeste, was der andere Elternteil leisten sollte und hat rein gar nichts mit betteln zu tun. Und nein, die Zahlungen werden keinesfalls zu hoch sein, denn darauf wird ein Gericht schon achten. Denk einmal so: Was verdient der andere pro Stunde? 15, 20, 50, 100 oder mehr Euro? Jetzt rechne einmal deine Stunden zusammen – die ganzen Stunden der Care-Arbeit zuhause mit Kind, inklusive der Nachtstunden, die du haben wirst. Wir reden hier von 24/7 und Bereitschaft sieben Tage die Woche. Rechne dir mal anhand des Unterhalts, den du bekommst, deinen Stundensatz aus. Wo liegt der? Bei einem Euro? Weniger? Von den 15, 20, 50 oder 100 Euro, die dein Ex verdient, wird er diesen vermutlich lächerlich kleinen Anteil locker stemmen können.

Prozess- und Verfahrenskostenhilfe

Keine Angst vor Gerichtskosten. Du hast als werdende Mama viele Rechte. Vielleicht hast du aber Sorge, auf hohen Anwaltskosten sitzen zu bleiben. Hierfür gibt es die Prozess- und Verfahrenskostenhilfe. Wenn deine finanziellen Mittel nicht ausreichen und du auch keine Rechtsschutzversicherung hast, dann bedeutet dies nicht, dass du von deinen Rechten keinen Gebrauch machen kannst. Es gibt für diese Fälle die sogenannte Prozess- und Verfahrenskostenhilfe. Um diese Hilfe zu bekommen, musst du dich einmal „nackig" machen. Sprich sämtliche Einnahmen und Ausgaben offenlegen, die über deine Konten laufen, sowie Verbindlichkeiten aufschlüsseln wie etwa das Abbezahlen von Krediten. Es ist ein kleiner Haufen Bürokratie, aber der kann sich auszahlen. Wenn deine Aussichten auf Erfolg als gut eingestuft werden, dann bekommst du die Prozess- und Verfahrenskostenhilfe bewilligt und zahlst erstmal nichts. Erst wenn sich deine Finanzen innerhalb von vier Jahren nach Abschluss des Prozesses verbessern und du mindestens 25 Euro im Monat hättest, um die Prozess- und Verfahrenskostenhilfe in Raten zurückzuzahlen, musst du dies melden und entsprechend zurückzahlen. Sind die vier Jahre erreicht, entfällt die Pflicht zur Rückzahlung. Du hast also vier Jahre nach dem Abschluss des Prozesses nichts mehr damit am Hut.

Dein Anwalt wird dich über die Prozess- und Verfahrenskostenhilfe aufklären und deine Aussichten auf Erfolg einschätzen können. Denn für juristische Belange ist dieser Ratgeber in der Tiefe nicht gedacht. Ich halte es in deiner Situation aber für wichtig, schon einmal davon gehört zu haben, und erwähne diese Möglichkeit daher hier.

Checkliste C: Verarbeitung der Trennung

○ Um eine plötzliche Trennung in einer so emotional belasteten Situation zu verarbeiten, gibt es kein Patentrezept. Wichtig ist aber, sich seinen Gefühlen und Gedanken zu stellen. Hör dir und deinen Gefühlen genau zu. Wenn der Großteil dessen, was du dabei hörst, negativ ist, dann verbesserst du deine Situation nur, indem du dir positive Aspekte suchst und diesen in deinen Gedanken mehr Platz gibst. Alles was dich an deinem Ex gestört hat, muss dir nun nicht mehr auf die Nerven gehen – könnte ein Beispiel dafür sein. Wenn dich ein starkes Gefühl überkommt wie Trauer, dann denk gar nicht so viel nach, sondern versuch diese Trauer einfach zu spüren. Es ist in Ordnung diesen Gefühlen auch mal ein paar Tage weinend nachzugehen. Ein bisschen lässt sich das vielleicht mit einer Magenerkrankung vergleichen. Wenn es einem so richtig schlecht geht, dann fühlt man sich nach dem Erbrechen häufig deutlich besser. Ähnlich ist es mit dem emotionalen Erbrechen. Drei Tage nicht aus dem Bett zu kommen und einfach nur traurig zu sein, ist kein Zeichen von Schwäche, sondern mehr ein Heilungsprozess, der innerlich einmal alles freispült – erlaube dir diesen Zustand

○ Dankbarkeit: Ja, das mag nun merkwürdig klingen, jetzt wo so viel Wut und Zorn im Spiel sind. Aber Dankbarkeit kann für richtig viel Erleichterung sorgen. Sei dankbar für die guten Dinge. Für dein Kind zum Beispiel. Du bist auf einer Reise, von denen viele Frauen träumen. Es gibt Paare, die versuchen jahrelang ein Kind zu bekommen, doch will sich dieses Wunder einfach nicht einstellen. Über dir schwebte eine kleine Seele, die sich dich ausgesucht hat und die dich zur Mama machen wird. Du bist auf einer Reise, die dein Leben verändern und dir die Türen zu einem Paralleluniversum öffnen wird. Du wirst das Leben wieder mit neuen Augen sehen und du wirst unfassbar an dir wachsen. Du wirst Entwicklungssprünge machen, die mindestens genauso groß sein werden, wie die deines Kindes. Wenn du dich immer mehr auf diese zauberhafte, aber auch erschöpfende Reise einlässt, wirst du bald viele positive Aspekte erkennen, die dich in allen Bereichen deines Lebens weiterbringen werden

○ Das Führen eines Daddy-Tagebuchs. Schreiben kann ein unterstützender Bestandteil von Heilungsprozessen sein. Ich habe mir ein kleines Büchlein genommen und in der Schwangerschaft ein Daddy-Tagebuch geschrieben. In Briefform habe ich im Namen meines Kindes an seinen Vater geschrieben und darin Vorwürfe und Gefühle verarbeitet. Am Ende sind die Enttäuschungen, die du einem Kind in den Mund legst, natürlich deine eigenen. Du erkennst dies am Ende und begreifst, dass dies „nur" deine Gefühle sind, nicht für dein Kind gelten und du für dich und euch ein wundervolles Leben aufbauen kannst.

Adé Schuldfrage

Gerade in der Phase des Mutterschutzes, wenn du viel Zeit zum Nachdenken hast, passiert es leicht, immer wieder zu ein und demselben Ergebnis zu kommen: „Wie kann er nur. Er ist an allem schuld". Schuldzuweisungen sind hier super leicht gemacht, aber sie hemmen dich nur in deiner Heilung.

Dankbarkeit ist ein ganz, ganz wichtiger Teil, wenn es um Selbstheilung geht. Ein anderer Teil ist Vergebung. Und damit meine ich nicht, sich einzureden, dass es ja nicht so schlimm ist, dass ein Elternteil die Verantwortung komplett ablehnt und das in der Regel leider sogar äußerst erfolgreich. Hier gibt es ganz klar keine Entschuldigung und auch für den Staat gibt es keine Entschuldigung, denn der versagt hier auf ganzer Linie. Es wird immer über die Rechte gesprochen, die ein Elternteil hat oder zugesprochen bekommen möchte, aber es wird selten über die Pflichten gesprochen. Und schon gar nicht darüber, Pflichten einzuführen, die dem Kind dienen – wie beispielweise eine Umgangspflicht – nicht nur ein Umgangsrecht. Vorausgesetzt wir sprechen nicht von Fällen, in denen häusliche Gewalt, Drogen- oder Alkoholmissbrauch vorkommen.

Mit Vergebung meine ich: Vergebe das, was du vergeben kannst. Nicht für den anderen, sondern nur für dich selbst. Denn der Zorn nagt nicht nur an der Seele, sondern ganz bald auch an deinem Körper. An den Organen, am Immunsystem. Der Zorn macht krank. Nur unser eigenes Mindset kann uns aus dieser Falle befreien. Das ist sehr viel Arbeit, aber es bringt viel mehr Ruhe in dein Leben. Helfen können dir Podcasts (zum Beispiel „Happy, holy and confident" von Laura Malina Seiler), Meditation oder die Erstellung eines Visionboards. Auf ein Visionboard bringst du all deine Wünsche und Ziele an. Du kannst dir schöne symbolische Bilder ausdrucken oder Fotos, kleine Karten, Ausschnitte aus Projekten, an denen du arbeitest, oder das Bild eines Hauses, das aussieht wie dein Traumhaus.

Der eigentliche Zauber des Anfangs vom Single Parent Dasein sind die Chancen, die du nun hast. Deine Welt verändert sich, Karten mischen sich neu, Werte werden reflektiert und plötzlich hast du die Möglichkeit, bewusste Ziele festzulegen. Du magst den Verlust sehen, aber da ist auch die Chance vom Anfang eines selbstbestimmteren Lebens. Chance auf Freiheit (ich weiß, das klingt paradox), auf Informationen, auf Lebenswege, die du nie gegangen wärst, auf neue Begegnungen, die dich in deinen Träumen weiterbringen. Was wolltest du immer schon machen und hast es immer wieder aufgeschoben? Jetzt ist die Zeit für deine Herzenswünsche. Trau dich, und mit Vertrauen wird dir einiges davon gelingen. Wie ein Vogel, der sich das erste Mal aus dem Nest stürzt, um seine Flügel zu entdecken.

Schau Dir Dein Leben an und betrachte es nicht als Scherbenhaufen, eher als ein Haufen glitzernder Diamanten.

Schwangerschaft

Einstellung auf ein neues Leben

Wer bereits ein Kind hat, mag ein bisschen besser auf diese Situation vorbereitet sein - zumindest was den Verlauf einer Schwangerschaft angeht, doch auch die können völlig unterschiedlich verlaufen. In der Schwangerschaft allein zu sein stürzt für die meisten von uns die komplette Lebensvorstellung um. Ich persönlich habe nie bemerkt, wie sehr ich die Vorstellung einmal Mama zu sein, an eine funktionierende Partnerschaft geknüpft hatte. Für mich war es selbstverständlich, dass dies die glücklichste Zeit meines Lebens sein würde. Mit Partner, ob verheiratet oder nicht, aber mit einem liebenden Vater, der es kaum abwarten kann, das Babybettchen aufzubauen, das Kinderzimmer zu streichen oder klischeehaft im neunten Monat meine Schnürsenkel bindet. Und nein: Es gibt absolut keinen Grund dafür, warum Männer dies tun, denn du wirst dir durch die gesamte Schwangerschaft hinweg selbst die Schuhe binden können. Dafür winkelt man einfach nur das Bein richtig an - keinerlei Herausforderung zu erwarten.

Was wirklich herausfordernd ist, nenne ich das Emotions-Management. Gerade wenn dich die Ablehnung des werdenden Vaters unerwartet trifft. Dir mögen all die Worte im Kopf klingen, die dieser Mensch pro-Kinderkriegen irgendwann einmal in dein Ohr geflüstert hat. Aber auch dann, wenn der werdende Vater dir von Anfang an gesagt hat, dass er keine Kinder möchte und du nun die Schuld bei dir suchst: all diese Emotionen sind selbstverständlich erlaubt, doch Schuld musst du dir nicht geben. Niemals. Diese kleine Seele wollte zu dir, in dein Leben, komme was wolle, und nur das zählt. Du wirst deinem

Kind alles bieten können, was es braucht und jeder, der glaubt dir etwas anderes einreden zu wollen, hat schlicht keine Ahnung worauf es ankommt. Jeder, der den großen Rucksack der Weisheiten über Alleinerziehende vor dir auspackt, denkt in Stereotypen und hat wesentliche Aspekte des Leben - in meinen Augen - (noch) nicht verstanden.

Dir wird bereits klar sein, dass es nicht mehr nur um ihn und dich und das was gesagt wurde geht. Ihm hingegen wird wohl kaum bewusst sein, was seit kurzem deine tiefste innere Aufmerksamkeit bekommt: da wächst ein Mensch. Ein echter Mensch, der irgendwann so erwachsen sein wird wie ihr. Der irgendwann groß und mündig sein und der Fragen haben wird. Während du dich fragst, wie du diese - in der weiten Zukunft liegenden - Fragen beantworten sollst, ist deinem Ex noch nicht einmal klar, dass es nicht mehr um ihn geht - oder um das, was er gesagt hat. Die Verantwortung ist bereits da. Und er ist

Teil davon, ob er will oder nicht. Denn eines wollte er ja ganz gewiss: mit dir schlafen. Und da ist nun einmal völlig egal, was gesagt wurde. Schon die Entscheidung mit einem Menschen intim zu werden, schließt das Risiko ein, Leben zu produzieren.

Ich weiß, wie ohnmächtig es macht, wenn der andere nicht erkennt, was nun wirklich wichtig ist. Aber du wirst das packen - und zwar mit Bravour. Es wird sich nicht immer so anfühlen, doch du wirst immer wieder - an unterschiedlichsten Stellen - begreifen, wie weit du es schon gebracht hast.

Jetzt grade, während du schwanger bist, musst du Vertrauen lernen und das zu einem Zeitpunkt, zu dem du jegliches Vertrauen verloren zu haben glaubst. Worin du vertrauen sollst nach all diesen Erlebnissen?

1. In deinen Körper. Vertraue in deinen Körper und darin, dass er deinem Baby gibt, was es braucht. Nur weil du vielleicht regelmäßige

Heulkrämpfe bekommst oder vor Trauer wie krank tagelang im Bett liegst: Dein Baby ist viel beschützter als du denkst und deine Trauer wird ihm nichts anhaben. Diese Trauer tut „nur“ dir weh, aber sie wird nachlassen und irgendwann kannst du diese tiefe, gerade alles bestimmende Emotion Stück für Stück loslassen. Das verspreche ich dir.

2. Vertraue in die Macht langfristiger Entwicklung. „Die Zeit heilt alle Wunden“ ist vermutlich ein Sprichwort, das ungefähr das ausdrücken möchte, auch wenn es etwas lasch klingen mag. Du wirst mit der Schwangerschaft und mit deinem Baby wachsen. Und eins steht fest: jede Mutter - egal wie glücklich und sorgenfrei - jede Mutter wird sich am Anfang mit dem ersten Neugeborenen phasenweise überfordert fühlen. Da spielt das Umfeld gar keine Rolle. Egal wie es nach außen aussehen mag, sei

dir sicher: Unter jedem Dach ein Ach! Das was du als frischgebackene Mama fühlen wirst, hat nichts damit zu tun, dass du allein für dein Baby sorgst. Auch wenn du dich selbst als betrübter erleben magst als Mütter, die glücklich mit ihrem Partner das Baby bewundern.

3. Vertraue in deine Entscheidungen und darin, dass du jederzeit dein Verhalten ändern oder um Hilfe bitten kannst, wenn dir etwas an deinem eigenen Umgang mit der Schwangerschaft oder dem Neugeborenen nicht gefällt. Man reibt sich aneinander. Und nicht nur, wenn man allein mit Kind ist. Man reibt sich auch als dreiköpfige Familie aneinander und auch Oma, Opa und Kind werden sich aneinander reiben. Glaube nicht, dass du eine schlechte Mutter bist oder alles falsch machst, nur weil du mal mit deinem Kind geschimpft hast. Natürlich ist das im Säuglingsalter noch nicht relevant. Hier gilt tat-

sächlich noch etwas mehr Vorsicht, denn die Belastung, die auf dich als frische Mama wirkt, ist deutlich höher als das nach einem oder zwei Jahren der Fall ist. Am Anfang kennst du dein Baby noch nicht und das ist selbstverständlich. Ihr lernt euch kennen. Über einen sehr langen Zeitraum. Du kannst nicht immer wissen warum es gerade weint. Aber wenn du merkst, dass dich das Schreien zu tiefst aggressiv macht, dann sei gut zu dir selbst: Lege dein Baby ohne Spielzeug, Decken oder Kissen in sein Bettchen oder eine sichere Wiege, aus der es nicht herausfallen kann, verlasse das Zimmer und rufe eine Bezugsperson an, die sofort kommen kann, bitte eine Nachbarin um kurzzeitige Hilfe oder ruf einfach das Jugendamt an. Dir wird niemand dein Baby wegnehmen, nur weil du beim Jugendamt anrufst. In jedem Fall: Es gibt viel mehr schöne Momente, in denen du erschöpft aber glücklich ins Bett fallen wirst, keine Sorge. Lerne die Verantwortung lieben – das befreit!

4. Vertrau in die Beziehung, die ihr aufbauen werdet. Nimm dir Zeit dein Baby zu fühlen. Erwarte nicht, dass es dich trifft wie ein Pfeil ins Herz und du schon jetzt die ultimative Bindung fühlen musst, wie es so oft dargestellt wird. Das Kennenlernen – von einer Bauchseite zur anderen – ist ein ruhiger, stetiger Prozess. Verbinde dich mit deinem Baby, wenn du Ruhe hast und es vielleicht gerade aktiv ist. Erzähl ihm von den Plänen, die du für euch beide hast. Spiel ihm vielleicht deine Lieblingsmusik vor. Sei gut zu dir und deinem Untermieter.

Familie und Freundschaften

In deiner Situation suchst du natürlich nach Halt. Dabei klammern wir uns oft an alles, was wir für einen potenziell rettenden Strohhalm halten. Wir hoffen auf die Unterstützung von Freunden und Familie. Auch hier kann es zu weiteren Verletzungen kommen. Nämlich dann, wenn Freunde und Familie nicht hinter uns stehen oder sich partout dagegen wehren, sich in unsere Lage hineinversetzen zu wollen. Schön sind auch Sprüche wie „Also ich an deiner Stelle würde dem nicht hinterher trauern. Für mich wäre der absolut gestorben“ – und ähnliche Sätze von Menschen, die nicht in deiner Haut stecken. Dabei machen diese Sätze zwei Dinge so schlimm und schmerzhaft: Zum einen verletzt es, weil es zeigt, dass du und deine Situation nicht verstanden werden. Zum anderen fühlst du dich schuldig, noch Gefühle zu haben und du fragst dich vielleicht, was mit dir nicht stimmt, noch irgendwie an der Beziehung zu hängen, denn rational hast du selbst ja längst begriffen, dass dieser Mann nicht der Richtige für dich ist. Darum hier mein Rat: Wenn du nach Halt suchst, dann frag dich bei jeder Person, mit der du darüber sprechen möchtest, ob diese Person weiß, wie es dir geht. Ist diese Person ein guter Ratgeber? In der Regel sind gute Ratgeber Menschen, die bereits erreicht haben, was du erreichen möchtest oder die Situation bereits durchlebt haben, mit der du dich gerade konfrontiert siehst. Und dann erlaube dir deine Gefühle. Und zwar alle Gefühle. Dazu gehört auch Liebe. Wir entlieben uns nicht von jetzt auf gleich. Da gibt es keinen Aus-Knopf, den wir mal so eben drücken und zack schon fühlen wir nichts mehr für den Ex. Wir vergessen ja auch nicht automatisch einen Menschen, wenn er stirbt – auch hier lieben wir weiter, obwohl sich etwas im Außen verändert hat. Doch im Innen steht noch alles auf Liebe.

Besonders wenn nicht du dich getrennt hast, sondern du getrennt wurdest, sind da noch Gefühle, die im Wiederspruch zu deiner Situation stehen. Gerade noch hast du dich sicher in einer für dich gut laufenden Beziehung gesehen und plötzlich ist der Boden deiner Lebensvorstellung eingebrochen. Es hat sich etwas im Außen verändert, aber das führt nicht automatisch dazu, dass sich auch im Inneren etwas ändert.
Und das ist eine ganz besondere Lehre, die du aus dieser Situation ziehen kannst. Viele Menschen glauben, dass sich etwas im Außen ändern muss, damit es ihnen im Inneren gut geht. „Wenn ich einen neuen Partner habe, werde ich endlich wieder glücklich", „Wenn ich schlanker bin, traue ich mich mit einem Vorhaben in die Öffentlichkeit", und ähnliche Sätze funktionieren nicht. Es funktioniert genau anders herum. Wir verändern das Außen nur, wenn wir das Innen verändern. Wie das gehen soll? Mit Autosuggestion, Affirmationen und Meditation.

Hierbei geht es um unsere Glaubenssätze. Die Welt, die wir uns im Innen erschaffen, können wir so auch äußerlich nach und nach erreichen. Das ist ein Prozess, der zwar nichts für Ungeduldige ist, aber vor Schönheit nur so strahlt.

In puncto Freundschaften gibt es in Bezug auf Schwangerschaften darüber hinaus ein wahres Phänomen. Dieses Phänomen erleben viele Mütter – ob single oder mit Partner ist da sogar fast egal. Bei manchen fällt man schwanger völlig aus dem Raster und wird gar nicht mehr gefragt, ob man an gewissen Veranstaltungen teilnimmt – dabei würde man das gerade als angehende Alleinerziehende sicherlich gerne. Dort wo Partnerschaften mit älteren Kindern zerbrechen, passiert ähnliches. Oft gehört man nicht mehr dazu, wenn man keine vermeintlich intakte Familie mehr ist. Das macht traurig und durchaus einsam, aber auch hier ist ein Wandel alles andere als schlecht. Schließt sich eine Tür, öffnet sich eine neue – so ist es auch in puncto

Freundschaften. Du wirst in ein Parallel-universum eintauchen und ganz neue Bekanntschaften machen. Es werden mit der Zeit Menschen um dich herum sein, die ebenfalls gerade ein Kind bekommen haben, vielleicht sogar ebenfalls alleinerziehend sind. Es ist gut und sinnvoll zu netzwerken, denn dadurch wirst du feststellen, dass du alles andere als allein bist mit deiner Situation. Wenn du dich nicht raustraust, aus Angst glückliche Eltern zu sehen, dann beraubst du dich einer ganz entscheidenden Beobachtung. Selbst da, wo du es nicht vermutest, gibt es Unstimmigkeiten. Nichts ist immer rosig und schön. Trau dich raus und du wirst Situationen erleben, in den en du dir denkst – ein Glück, dass ich so eine Beziehung nicht führen muss. Ein Glück, dass ich die Verantwortung allein trage und dieser oder jener Bullshit völlig an mir vorbci gcht.

Zum Thema Halt finden und Netzwerken habe ich noch folgende Ideen für dich:

1. Hör in den Podcast „Das AE-Team – der positive Podcast für Alleinerziehende“ von Silke Wildner und mir rein und werde Teil unserer Community auf Facebook oder Instagram – hier findest du Gleichgesinnte, und ihr könnt euch untereinander Halt geben und austauschen
2. Werde Teil der geschlossenen Gruppe für Alleinerziehende von Silke Wildner auf Facebook (alle Links findest du auch hinten im Buch)

Werte und das Problem mit ihnen

Warum genau geht es uns anfänglich mit dieser Situation überhaupt so schlecht? Ich bin der festen Überzeugung, dass die Antwort auf diese Frage eng mit unseren Werten zusammenhängt. Unsere Wertvorstellungen sind unglaublich mächtig. Sie steuern unser gesamtes Verhalten, aber sie können ebenso die Seele belasten. Nehmen wir unsere Vorstellung von Familie. Der Großteil träumt wohl von dem, was im Volksmund als "Kernfamilie" bezeichnet wird. Eine heile kleine Familie, in der Friede, Freude, Eierkuchen herrscht. Wo Mama sich mit Leib und Seele der Familie hingibt und der Papa mitzieht und spurtet; die Kinder gelegentlich aus der Bude lockt, damit Mama ordentlich durchwischen kann. Wo am Wochenende die Großeltern zum Kaffee kommen oder die Sportveranstaltungen der Kids gemeinsam besucht werden. Mir war bis zu dem Zeitpunkt, als ich plötzlich schwanger und allein war, nicht klar, wie sehr meine Vorstellung davon, irgendwann einmal Familie zu haben, an die Vorstellung einer funktionierenden Partnerschaft gebunden war. Irgendwie war es selbstverständlich für mich, dass alles reibungslos laufen würde. Das war meine Vorstellung, die ich mir selbst aber nie bewusst gemacht habe.

Mit solchen Werten steht man in der Situation plötzlich Alleinerziehende zu sein vor einem gewaltigen Problem: nämlich sich selbst. Fast überall, wo sich getrennt wird und kleine Kinder im Spiel sind - oder allgemein Kinder im Spiel sind - kommt es zu Sticheleien. "Wir sind dir doch eh egal", "Wie es den Kindern geht, hat dich doch noch nie interessiert", "Wir gehen nicht gemeinsam da und dort hin, weil ich keine heile Familie zum Schein spielen werde", "Die Kinder sollen nicht zu dir", etc. Was davon hat eigentlich wirklich mit den Kindern zu tun?

Richtig, wenn wir mal alle ehrlich sind, so ziemlich gar nichts. Es geht auch nicht unbedingt um den Mehraufwand, den meist die Mutter durch diese Situation plötzlich hat und mit ihren Finanzen und Selbstmanagement vereinen muss, denn das ist mal mehr mal weniger leicht zu stemmen. Aber es geht um etwas ganz Zentrales: gekränkten Stolz. "Warum hängst du noch so an diesem Kerl?" mag eine Frage sein, die viele Neu-Alleinerziehende von ihren Freundinnen zu hören bekommen. Ja es sieht so aus, als liefe Mami dem Papi hinterher. Als wäre sie emotional so sehr an ihn gebunden, dass sie sich sogar nach so manchen Erniedrigungen noch auf Gespräche oder sogar mehr einlassen würde. Aber stimmt das?

Jein. Es ist nicht die Person, vielmehr unsere Wertvorstellung, die unser Verhalten maßgeblich bestimmt. Wir hängen an der Vorstellung von "heiler" Familie. Uns ist nicht bewusst, dass eine Familie bestehend aus einem Elternteil und Kind viel "heiler" sein kann als eine nichtfunktionierende Dreikopf-Familie. Was wir in Wahrheit nicht ziehen lassen wollen, ist unser Leitbild. Wir wollen das Leben, das die Gesellschaft uns von Geburt an anerziehen möchte. Und das bedeutet eine funktionierende Kernfamilie. Alles andere entstammt der RTL II Scripted Reality - Bääähhhh.

Das Problem mit den eigenen Werten. Was es so schwer macht, die neue Situation zu akzeptieren und in etwas Positives umzuwandeln, ist, dass unsere Vorstellung an den leiblichen Vater gebunden ist. Unsere Vorstellung sieht keinen neuen Partner als Papi-Ersatz vor. Wir sind wütend und zornig auf den Partner, der sich aus der Verantwortung nimmt, selbst, wenn er die Verantwortung für die Kinder weiterhin übernehmen will. Warum? Weil er unsere Wertvorstellung, die er angeblich einst geteilt hat, zunichtemacht. Weil er unsere Lebensplanung zerschmettert.

Dahinter aber liegt so viel mehr. Denn wenn du deine eigenen Schubladen auf diese Art und

Weise überhaupt erst einmal erkennst, dann ist das der Beginn eines neuen Lebens, das viel mehr Raum für Reflektion und Achtsamkeit lässt. Der Beginn eines viel bewussteren Lebens, das keinen Halt mehr vor positiven Veränderungen macht, für die wir vorher gedanklich viel zu eingeschränkt waren.

Die Gesellschaft und vielleicht auch die eigene Erziehung limitieren uns hier sehr. Schon in sehr jungem Alter werden wir Frauen auf Männer reduziert. Schon mit 13 werden Mädchen gefragt, ob sie schon in einen Jungen verliebt sind. Später ist die Frage, ob „der“ dich auch ernähren kann. Dass wir uns eventuell besser selbst ernähren können wird als Option gar nicht erst in den Raum geworfen und das obwohl Frauen längst studieren dürfen und durchaus bessere Abschlüsse vorweisen als viele Männer. Uns wird beigebracht, dass wir einen Mann zu brauchen haben und hinterfragen dieses Dogma

nicht – bis sich etwas verändert, das wir nicht haben kommen sehen.
Wir fühlen uns falsch, wenn wir diesem Dogma plötzlich nicht gerecht werden können. Die eigentliche Aufgabe jetzt gerade, in diesem Moment, ist es, sich zu erlauben diese verstaubte Wertvorstellung loszulassen. Du musst es niemandem recht machen. Weißt du was? Du kannst es auch niemandem recht machen. Was ich damit meine, zeigt folgendes Beispiel:
Eine Mutter, die nicht oder zu kurz stillt, gibt ihrem Baby nicht genug Liebe und Nähe – eine Mutter, die zu lange stillt, erdrückt ihr Kind. Eine Mutter, die ihr Kind im Kinderwagen ablegt, begeht Liebesentzug - eine Mutter, die ihr Kind den ganzen Tag im Tragetuch rumschleppt, ist eine Helikopter-Mutter. Eine Mutter, die ein Jahr nach der Geburt wieder arbeiten geht, schiebt ihr Kind in eine Betreuung ab - eine Mutter, die länger als ein Jahr Zuhause bleibt, mutiert zur kleinen Hausfrau und lebt auf Kosten ihres

Mannes oder des Staates. Eine Mutter hat sich jederzeit um den Nachwuchs zu kümmern - wenn der Papa sein eigenes Kind mal „babysittet" ist das eine wahnsinnig großzügige Leistung und erwähnenswert. Eine Mutter, die nur ein Kind bekommt, ist egoistisch – eine Mutter, die mehr als zwei Kinder bekommt ist asozial.

Dieses Spiel beginnt schon in unserer Jugend: Knallst du dir zu viel Schminke ins Gesicht, bist du billig - magst du keine Schminke, bist du ein Öko. Hast du keinen Freund, bist du langweilig - hattest du schon mehrere Freunde, bist du eine Schlampe. Ist dein Rock zu kurz, bist du selbst schuld, wenn man dich unsittlich anfasst - ist dein Rock zu lang, bist du prüde. Ich könnte diese Liste ewig weiterführen, doch inhaltlich würde sie dadurch kein bisschen wertvoller.

Wer entscheidet darüber? Menschen, die sich an deinen Tiefpunkten erfreuen, weil ihnen ihr eigenes Leben dabei weniger miserabel erscheint? Nicht die Form von Energie, mit der du dich umgeben solltest, denn du hast Besseres verdient. Und es gibt einen Ort, an dem du immer Besseres findest: in dir selbst.

Das Problem ist, dass wir es gewohnt sind, dass andere Entscheidungen über uns und unser Leben treffen. Unser Arbeitgeber entscheidet, ob er uns versetzt und wenn ja, wohin. Der Sachbearbeiter beim Jugendamt entscheidet darüber, wie zügig welche Prozesse vorangehen oder auch nicht. Unser Hausarzt entscheidet darüber, ob wir ein Antibiotikum nehmen sollten oder nicht. Und darum denken wir vermutlich auch, dass jemand anders darüber entscheidet, ob wir liebenswürdig sind oder nicht.

Wie um Himmels Willen willst du es hier jemandem Recht machen? Weißt du was? Du musst es nur einer einzigen Person recht machen, und zwar dir selbst. Du kannst dir vertrauen und auf deine eigenen Entscheidungen bauen, ohne etwas zu befürchten zu haben, denn genörgelt wird doch ohnehin.

Die Verantwortung lieben zu lernen, bedeutet zu wachsen – zu wachsen bedeutet, die Verantwortung lieben zu lernen. Verantwortung macht frei, wenn wir sie zu 100 Prozent wählen.

Du darfst deine alten Wertvorstellungen ruhig loslassen und neue definieren, die viel mehr zu dir und deinem Kind passen. Du bist auch nicht gescheitert oder brauchst dringend einen neuen Partner, um irgendwelche nichtfunktionierenden Werte wiederherzustellen. Alles was du brauchst ist Zeit. Zeit, um auf dich und deine innere Stimme zu hören. Schenk dir mehr Gehör und räum dir Zeit für die Veränderungen ein, die du in deinem Leben sehen willst.

Nichtfunktionierende Werte sind so lange ein Problem, bis du sie loslassen und neue für dich finden kannst.

Wie dir Affirmationen helfen können, dich auf positive Aspekte zu fokussieren

Lass Gedanken, die dich quälen, los und fokussiere dich auf positive Aspekte in deinem Leben. Am Anfang gibt es viele quälende Gedanken. Immer wieder Revue passieren zu lassen, was dir dein Ex einmal alles Nettes gesagt oder pro Kinderplanung zugeflüstert hat, blockiert neue, schönere Gedanken. Wenn du merkst, dass dich innerlich wieder ein fieser kleiner oder großer Gedanke quält, dann musst du nicht in den Kampf einsteigen. Dieser Gedanke hat keine universelle Wahrheit. Vielleicht führen deine Gedanken dazu, dass du dir selbst die Schuld gibst. Schuld, irgendwelche Anzeichen nicht erkannt zu haben. Schuld an der Trennung – oder ähnliches. Dem ist nicht so. Diese Gedanken sind nicht wahr. Sie sind wie lästige kleine Schlangen, die sich um deinen Hals wickeln und dich ersticken wollen. Doch da sind auch gute Gedanken, und diesen solltest du die Macht geben. Du kannst die Vergangenheit nicht ändern. Aber sie mit in deine Zukunft zu nehmen, bedeutet sich selbst einen großen schweren Rucksack aufzusetzen. Vergib dir für die Dinge, von denen du denkst, du hättest sie anders machen können.

Übe dich in positiven Glaubenssätzen. Immer wenn dich ein quälender Gedanke überkommt, begrüße ihn freundlich. „Hallo, lieber Gedanke, schön, dass du hier bist, doch eigentlich möchte ich dich nicht mehr zu Besuch haben, deine Anwesenheit ist mir unangenehm." Verpasse diesem Gedanken eine einstweilige Verfügung, hau ihm eine Briefmarke auf den Allerwertesten und schicke ihn in weite Ferne oder setz ihn einfach in ein Kanu und winke ihm hinterher, während er auf einem reißenden Fluss Richtung Wasserfall und aus deinem Leben schippert. Verabschiede dich in Liebe. Dieser Gedanke hat dir etwas über dich selbst beibringen wollen, und das ist auch in Ordnung. Du hast die Message

verstanden und entschieden, ihn nicht mit in deine Zukunft nehmen zu wollen. Fühlt sich gleich besser an, oder?
Und nun kommt der deutlich schönere Teil: Mache dir schöne Gedanken. Lade sie zu dir nach Hause ein. Male dir aus, wie du mit deinem Kind leben möchtest. Auf was freust du dich am meisten? Hast du ein Bild im Kopf? Vielleicht eins, wie dein kleines Baby im MaxiCosi in eine hübsche Decke eingewickelt neben dir im Auto fährt? Oder hörst du die kleinen Trippelschritte, die dein Kind in etwas mehr als einem Jahr auf dich zu machen wird? Welche Gedanken füllen dich mit purer Liebe aus? Was löst Vorfreude in dir aus? Welche Details möchtest du besonders schön gestalten? So wie du ein Kinderzimmer gestalten kannst, so kannst du deine innere Welt, deine Gedanken und damit auch das Außen, dein zukünftiges Leben, gestalten. Du bist eine Schöpferin. Im wahrsten Sinne des Wortes. Und absolut alle Möglichkeiten stehen

dir offen. Je detailreicher du dir eine positive Zukunft vorstellen kannst, umso eher kannst du kleine Schritte im Außen unternehmen, die dich genau dorthin bringen. Du kannst alles schaffen, doch Alles beginnt mit dem Schaffen positiver Gedanken.

Die Kommunikation mit dem Ex

Die Kommunikation mit dem Ex in der Schwangerschaft kann sehr aufwühlend sein, da sie entweder immer wieder Hoffnungsfunken aufflammen lässt oder aber immer wieder zu tiefst verletzt. Dieses Ping-Pong Spiel wird noch dadurch verstärkt, dass du selbst innerlich andauernd mit deinem Ex kommunizierst. Du hast offene Fragen und deine Wut würdest du ihm vermutlich auch immer mal wieder gerne an den Kopf knallen. Vermutlich spielen sich in deinem Kopf Dialoge zwischen euch ab, die es so nie gegeben hat. Dann sind da noch all die Dinge, die du nun Revue passieren lässt. Immer wieder kehren die Gedanken zu Momenten zurück, wo auch er vielleicht von Familienplanung gesprochen hat. Spätestens ab dem Mutterschutz hast du jede Menge Zeit über den ganzen Hergang, deine Situation und die Rolle, die dein Ex in all dem spielt, nachzudenken.

Oft finden in dieser Situation auch die bereits erwähnten Schuldzuweisungen statt.
Du möchtest ihm gerne schreiben und zig Dinge loswerden, doch du unterdrückst diesen Impuls immer wieder. Du bist dann doch froh, wenn sich ein Anlass bietet, der nach „ich musste ihn nun ja kontaktieren“ schreit. Wenn es dich befreit, dann unterdrück deinen Impuls nicht. Werde die Dinge los, die du loswerden möchtest, und zwar bei der richtigen Person. Der Person, die sie betreffen. Es ist wichtig für deinen Prozess, doch stell dich darauf ein, dass du dadurch immer wieder enttäuscht wirst. Diese Reise dauert so lange, bis du begriffen hast, wie der andere wirklich tickt und du weißt, was du dir sparen kannst.
Das Ergebnis kann sehr zermürbend sein. Besonders dann, wenn du feststellen musst, dass du dich in dieser kurzen Zeit seit der Trennung extrem weiterentwickelt, viel reflektiert und dich mit der Situation auseinandergesetzt

hast, dein Ex sich allerdings nicht einen Millimeter vorwärtsbewegt hat. Vermutlich denkt dein Ex nicht einmal groß darüber nach.

Dieses Ping-Pong zeigt auch, wie wenig wir das Verhalten des anderen verstehen. Ich habe Ewigkeiten darauf gewartet, ein „Warum“ vom Vater meines Kindes zu bekommen. Doch die Wahrheit ist, dass er mir 100 Begründungen hätte nennen können, ich hätte keine davon verstanden, denn meine Wahrnehmung unserer Beziehung scheint eine völlig andere gewesen zu sein als die seine. Wenn zwei Lebensrealitäten und Wahrnehmungen so weit auseinander gehen, dann gibt es keine Schnittstelle. Diese Situation – schwanger sitzengelassen zu werden – möchten wir rational verstehen, weil wir glauben, es dann besser verarbeiten zu können, doch dieses Verhalten entzieht sich jeglicher Rationalität. Dein Verstand wird diese Persönlichkeitsstruktur deines Ex nicht greifen können.

Eine Trennung ist das eine. Es ist legitim sich zu trennen. Die Gefahr, dass einer aussteigt, besteht bei jedem Paar. Doch sobald Kinder im Spiel sind, gibt es automatisch eine weitere Ebene. Gemeinsam zu klären, wie es auf einer Elternebene weitergeht ist etwas anderes. Uns Müttern ist dies schlagartig klar und wir möchten Dinge für die Zeit mit Baby geklärt haben – zu einem Zeitpunkt, zu dem der Vater des Kindes noch nicht einmal wirklich begriffen hat, dass es ein Baby geben wird und was das bedeutet.

Gerade wenn es das erste Kind ist, wird dein Ex die neue Ebene, auf der ihr weiterhin in Beziehung stehen werdet, nicht begreifen. Dein Ex lebt noch in einer Welt, in der man wie mit 14 Jahren eine Beziehung beendet und einfach aus der Tür geht und Tschüss. Bei ersten Teenie-Break-Ups muss man sich nach einer Trennung nie wiedersehen. Aus den Augen, aus dem Sinn. So fühlt sich die Welt vermutlich gerade für den Vater deines Kindes an, denn von der Entstehung des kleinen Lebens bekommt er nichts mit. Er fühlt nichts in sich wachsen. Du aber schon. Du bist mit deinem Mini-Menschlein ab Sekunde eins verbunden. Du weißt, dass es noch viel zu besprechen gibt und würdest das auch gerne tun.

Der Weg zum inneren Frieden gelingt hier nur, wenn du deine Kommunikationsstrategie festlegst, und dir immer wieder in Gedanken rufst, warum du so kommunizieren möchtest, wie du es tust. Nun gehören zur Kommunikation in der Regel Sender und Empfänger. Mit einem Ex, der das Baby in deinem Bauch ablehnt, du dich aber dafür entschieden hast, wirst du vermutlich auf einer völlig anderen Frequenz senden als auf jener, die dein Ex empfängt.

Es ist wichtig zu verstehen, wie sehr du dich in diesen paar letzten Wochen schon weiterentwickelt hast und vom Standpunkt deines Ex-Partners entfernt hast. Dies nicht zu erkennen macht sauer und bitter. Du fragst dich, wie er all das was da gerade passiert nicht begreifen kann? Er kann es einfach nicht. Er lebt in einer Welt, die du bereits hinter dir gelassen hast. Du wirst ihn nicht hinterherschleifen können.

Es ist schwer, den anderen nicht immer wieder mit der Nase drauf zu stoßen. Es gab Zeiten, da habe ich recht viel dafür getan, den Vater meines Sohnes daran zu erinnern, dass er Vater wird. Recht schnell schwankte ich zwischen „er bekommt jetzt die volle Dröhnung" wozu Ultraschallbilder und ähnliches zählten und dann wieder „ne, er hat es absolut nicht verdient Teil hiervon zu sein, wenn er zu dämlich ist, den Wert dieses kleinen Wesens zu erkennen". Genau das meine ich mit Ping-Pong. Wir sind selbst erstmal gar nicht klar festgelegt in unserer Kommunikation. Wir haben selbst noch längst keine Position bezogen, wie wir uns mit dem Verhalten des anderen für uns akzeptabel auseinandersetzen wollen.

Immer wieder in die Kommunikation einzusteigen ist mühsam und wirft dich emotional immer wieder zurück. Dies kann auch noch lange nach der Geburt so weitergehen. Ich würde dir zu gerne sagen, dass du dir all das ersparen kannst, du also dem Impuls, dich selbst zu unterdrücken, schon ganz richtig tust, doch weiß ich, dass dies ein Prozess ist, den jede von uns gehen muss. Erst wenn du von innen heraus selbst an diesen Punkt kommst, wird es dir langsam wieder gut gehen.

Ich kann dir sagen, dass es dir irgendwann egal sein wird und du dich fragst, warum du solange noch versucht hast zu kommunizieren wie eine Weltmeisterin, doch solange es sich für dich nicht nach „egal" anfühlt, ist es das auch nicht.

Schau, was dir Erleichterung verschafft. Geht es dir phasenweise besser damit ihn zu kontaktieren, dann tu das, bevor es dich auffrisst. Du musst dich in keiner Form zusammenreißen und schaden, ihm einen Eindruck davon zu geben, was für ein Chaos er angerichtet hat, kann es auch nicht. Wenn entsprechende Reaktionen dir aber immer wieder wehtun und dir einfach nicht guttun – oder dir falsche Hoffnungen machen – dann wirst du das Hamsterrad, indem du dich befindest, irgendwann erkennen und von ganz allein aussteigen. Verbiete dir nichts. Das Umfeld, das dich liebt, wird ihn vermutlich hassen und entsprechend auch über ihn sprechen. Hier gilt wieder: Dein Umfeld liebt dich, aber sind die Menschen in deinem Umfeld gute Ratgeber?

Die Kommunikation mit dem Ex während der Schwangerschaft und in den ersten Monaten mit dem Baby sind der größte Kampf, den wir kämpfen. Wir versuchen dabei die Balance zu halten zwischen Selbsterniedrigung und dem Versuch alles wieder gut zu machen. Das geht solange, bis du die Gabelung siehst, an der du einfach auf einen anderen Pfad abbiegst und nicht weiter über eine Hängebrücke balancierst.

Lange Zeit über eine schwankende Hängebrücke zu laufen kostet viel Kraft und Energie, denn du konzentrierst dich beim Laufen die ganze Zeit darauf nicht zu fallen. Sobald du wieder einen festen Pfad unter den Füßen hast, läufst du wieder wie von selbst und hast Energie gewonnen, die du für dich und dein Mini-Menschlein gut brauchen kannst.

Das Schöne an so einer Hängebrücke? Sie hat definitiv ein Ende.

Du magst das Gefühl haben kommunizieren zu müssen, aber es gibt auch andere Möglichkeiten die Elternebene zu regeln. Wie du alles auf die Spur bekommst, ohne selbst in Kommunikation zu treten:

- Vaterschaftsanerkennung über das Jugendamt veranlassen. Sperrt sich der Vater - via Familienanwalt über das zuständige Amtsgericht eine Vaterschaftsanerkennung erwirken. Zweifelt der Vater die Vaterschaft an, kann es schnell teuer für ihn werden, denn ein gerichtlich angeordneter

Vaterschaftstest kann schnell mal 1.200 Euro kosten. Rechtsgrundlage zur Feststellung der Vaterschaft ist Paragraph 1600d BGB

- Über Anwälte zu kommunizieren bringt zumindest Distanz rein. Anwaltsschreiben können sehr aufwühlend sein, vor allem, wenn dein Ex mit Lügen und Verleumdungen aufwartet. Atme durch und sage dir immer wieder, dass du die Wahrheit kennst und nichts von diesen persönlichen Dingen bei Gericht interessieren wird.

Kommunikation kann auch gut laufen

Wenn es grundsätzlich möglich ist, miteinander zu sprechen, weil der Vater beispielweise Interesse am Kind hat, aber „nur" nicht mehr an einer Beziehung, dann ist die wohl schwerste Hürde, dies zu akzeptieren und das gemeinsame Kind nicht als Druckmittel zu benutzen – alias: „Du wirst das Kind nie sehen, wenn du gehst", oder ähnliches. Das macht dich selbst nur bitter und trifft wie die reine Wut mal wieder nur dich selbst und nicht den anderen. Abstand ist wichtig und gut, um sich selbst auch von der Paarebene zu entfernen. Am Anfang ist es auch hier nicht leicht zu kommunizieren, aber mit der Zeit kann sich für dich herauskristallisieren, wie es gut für dich – für euch – funktionieren kann. In der Anfangszeit wird dich sicherlich nichts von deinem Baby trennen. Doch wenn dein Kind etwas älter ist, kann es zu den verschiedensten Modellen kommen. Viele Väter haben ihre Kinder jedes zweite Wochenende. Wenn es Kontakt gibt, dann ist es immer sinnvoll, einen gesunden Boden für funktionierende Gespräche und Absprachen zu schaffen. Sicherlich ist das nicht immer einfach, aber es ist im digitalen Zeitalter auch nicht zwingend nötig sich für Absprachen andauernd zum Kaffee an einen Tisch zu setzen. Eine gemeinsame Telegram- oder WhatsApp-Gruppe, in der es um die Belange des Kindes geht, kann die Planung auf beiden Seiten erleichtern. So können hierüber auch Kita- und

Schulzettel ausgetauscht, Umgangswochen-eden geregelt, sowie Arzttermine eingetragen werden, sodass beide Elternteile zu jederzeit alle wichtigen Termine des Kindes einsehen können und ihre eigene Planung entsprechend gestalten können. Dazu können später auch Kindergeburtstage und Sportveranstaltungen zählen.

Gebt hier euer Bestes, denn euer Kind ist es allemal wert.

Netzwerken entscheidet über dein Wohlbefinden

Forscher der University of Michigan haben herausgefunden, dass die Existenz sozialer Netzwerke darüber entscheidet, ob es Schwangeren gut geht oder nicht. Hierfür wurden 300 schwangere Frauen während der gesamten Schwangerschaft begleitet, und es wurde untersucht, was für ihr psychisches Wohlbefinden ausschlageben war. Die Frauen, denen es blendend ging, kamen aus den unterschiedlichsten Gesellschaftsschichten, wiesen aber eine Gemeinsamkeit auf: Sie hatten alle besonders aktive soziale Kontakte. Warum es Menschen trotz schlechter Rahmenbedingungen gut gehen kann und sie gesund leben können, ist aus medizinischer Sicht interessant. Hiermit beschäftigt sich auch die Resilienzforschung.

Aus der Psychologie wissen wir heute, dass es Menschen besser geht, wenn sie sich selbst als aktiv handelnde Person sehen anstatt als Opfer einer Situation. Über das Wohlbefinden entscheidet aber auch die Fähigkeit, Geschehenes intellektuell und emotional zu verstehen – wir erinnern uns an das Eingangskapitel zum Thema Gefühle. Es hilft Sinn in Dingen zu finden, die uns im ersten Moment den Boden unter den Füßen wegziehen. Nun stellt allein eine Schwangerschaft eine Ausnahmesituation dar. Hormone spielen verrückt und beeinflussen die Emotionen. Es steht ohnehin schon vieles Kopf – auch ohne Zutun des Ex-Partners. Ein wesent-licher Schlüssel zurück zu mehr Stärke ist daher das Netzwerken.

Wer ist für dich da, wer kümmert sich um dich und dein Baby. Was fehlt dir noch, um dich gut vorbereitet zu fühlen? Nutze Anlaufstellen und geh in den Austausch mit anderen. Schau auch, was du vielleicht anderen geben kannst. Baut einander auf, soweit es geht.

Finanzen

„Money, money, money, must be funny, in a rich single-moms world"

Das Thema Finanzen löst bei den meisten den ersten starken Angst-Impuls aus. Wie soll das gehen, wovon soll ich mit dem Baby leben, wenn ich selbst nicht arbeiten gehen kann und sich der Vater in dieser sensiblen Zeit aus dem Staub gemacht hat? Dabei ist Geld ein positives Thema.

Bei Alleinerziehenden stellt sich dies entgegen aller medialer Darstellungen nicht anders dar. Wer **über** Alleinerziehende nachdenkt (und selbst nicht alleinerziehend ist), der hat eine ganze Palette an Vorurteilen im Kopf. Dazu zählen:

- Alleinerziehende leben von Hartz IV
- Alleinerziehende finden keine Wohnung
- Alleinerziehende brauchen dringend einen neuen Partner
- Alleinerziehende finden keinen Job

Wie bunt und durchaus amüsant die Welt der Vorurteile gegenüber Alleinerziehenden ist, kannst du in Folge 3 des Podcasts „Das AE-Team“ nachhören – dort nehmen Silke und ich die Palette mal schön auseinander. Denn keiner dieser Punkte entspricht der Wahrheit.
Du wirst NICHT zwangsweise plötzlich von Hartz IV leben müssen, du wirst es bei der Wohnungssuche auch nicht schwerer haben als alle anderen – besonders nicht in Ballungsräumen. Einen Partner brauchst du schonmal gar nicht. Einen Partner zu wollen ist etwas anderes. Natürlich darfst du einen Partner haben wollen, aber mit „brauchen“ sollten Beziehung grundsätzlich nichts zu tun haben. Und der liebe Job? – Wenn der nicht mehr zu deinem Leben passen sollte, dann wird sich eine Lösung finden. Es gibt so viele Dinge, die wir in unserem Leben machen können, da sind wir nicht auf das festgelegt, was bisher war. Was gestern gut funktioniert hat, muss morgen nicht auch noch

gut sein. Den Fisch, der vor einer Woche super frisch und lecker war, würdest du heute auch nicht mehr essen.

Dein Geld: Schritt für Schritt zum Überblick

1. Als allererstes solltest Du dir eine Übersicht über die Finanzen machen – das gibt zum einen das gute Gefühl, Frau der Lage zu werden. Dein Geld ist nicht länger die große Unbekannte, mit der du nichts zu tun haben willst, sondern deine beste Freundin, mit der du am liebsten Hand-in-Hand laufen möchtest. Zum anderen sorgt diese Übersicht für Klarheit und hilft sowohl bei der Vorbereitung einer Scheidung wie auch bei der eigenen vorläufigen Ermittlung der Gelder, die dir zustehen, wie zum Beispiel Unterhalt – wobei du zu Unterhaltsberechnungen auch das Gehalt deines Ex kennen musst. Diese Übersicht gestaltet sich recht einfach. Man nehme ein Blatt Papier und male zwei Spalten auf: Einnahmen & Ausgaben – done.

2. Was sind Ausgaben? Miete, Lebenshaltungskosten, Gas, Strom, Lebensmittel, Kleidung, Versicherungen, Kredite, Vereinskosten, Betreuungskosten. Nimm dir am besten die Kontoauszüge des gesamten letzten Jahres zur Hand, um auch Einmalzahlungen wie die Kfz-Versicherung zu bedenken.

3. Mehr Ausgaben als Einnahmen? -> Staatliche Beihilfen. In Form von **Wohngeld** kannst du einen Zuschuss zu deinen Wohnkosten bekommen – vorausgesetzt du entsprichst mit deiner Wohnsituation den Kriterien. Wohngeld wird zum Beispiel nur bis zu einer gewissen Anzahl an Quadratmetern Wohnfläche pro Person, die im Haushalt lebt, genehmigt. Zahlst du einen Hauskredit ab? Auch dann gibt es Beihilfen. Auf Seiten der Kinder unterstütz das Paket für **Bildung und Teilhabe** (BuT), damit deine Kinder nicht durch die finanzielle Situation gesellschaftlich schlechter gestellt sind. Dieses Paket ist Teil des „**Starke-Familien-Gesetz**“ und

greift für ältere Kinder. Zudem kannst du eventuell auch vom Kindergeldzuschlag profitieren. Dieser kann zu einer Aufstockung des Kindergeldes um maximal weitere 185 Euro führen, allerdings brauchst du als Alleinerziehende ein eigenes Mindesteinkommen von 600 Euro und musst weitere Kriterien erfüllen. Entsprechende Anträge findest du im Internet und weitere Informationen gibt es beim Verband für alleinerziehende Mütter und Väter (VAMV). Dieser gibt jährlich eine umfassende Broschüre heraus.

4. Ausgaben minimieren. Sicher gibt es Ausgaben, an denen wir erstmal nichts verändern können. An vielen kleinen Stellen, die unscheinbar erscheinen mögen, kannst du aber doch drehen. Ich erinnere mich sehr gut daran sämtliche Verträge und Abos gekündigt zu haben. Ich habe kein TV-Programm mehr bezogen, Netflix & Co adé. Aus dem Fitness-

studiovertrag kam ich leider nicht so flott raus. Ich habe mir nichts mehr beim Bäcker geholt und beim Einkaufen auf Preise geachtet – dadurch zahle ich bis heute nur noch gut die Hälfte für einen Wocheneinkauf als früher. Um unnötige Kosten überhaupt erst einmal aufzudecken, eignet sich das Führen eines Haushaltsbuches. Dabei fällt nach drei bis sechs Monaten auf, wohin das liebe Geld wirklich immer so verschwindet. Ein Käffchen zwischendurch hier, ein kleiner Snack dort. Ich sage nicht, dass du dir all dies verkneifen sollst – aber du solltest dein Budget für diese Ausgaben kennen und nicht überschreiten. Was kannst du noch tun? Wechsel den Handyvertag, wie viel zahlst du für Strom und Gas? Heutzutage werden treue Bestandskunden eher bestraft und sämtliche Verträge sind auf Neukunden ausgerichtet – also sei am besten immer ein Neukunde. Außerdem kannst du Dinge verkaufen, für die du keine Verwendung mehr hast und wenn wir ans

Sparen denken, fällt uns noch mehr Einsparpotential auf. Anstatt immer alles neu zu kaufen, könntest du dir gewisse Dinge vielleicht einfach leihen.

5. Einnahmen steigern. Während wir unserer Ausgabenspalte beim Schrumpfen zuschauen können, dürfen wir die Einnahmenspalte gerne etwas füttern. Diese Spalte ist unser neues Lieblingshaustier. Mit Säugling lebst du vermutlich erstmal „nur" von Elterngeld sowie Kindergeld. Wer Erspartes hat, wird eventuell darauf zurückgreifen müssen. Das Elterngeld bemisst sich an deinem vorangegangenen Einkommen. Aktuelle Informationen findest du bei der Elterngeldstelle deiner Stadt oder Kommune. Der Sockelbetrag beträgt hier 300 Euro. Das Kindergeld beträgt aktuell 204 Euro für das erste Kind. Und dann kommt mindestens noch Unterhaltsvorschuss für dein Kind durch das Jugendamt hinzu. Dir steht zwar auch Betreuungsunterhalt zu, doch bis dies gerichtlich

geregelt ist, kann das erste Lebensjahr bereits rum sein. Hier gibt es keine staatliche Absicherung. Das erste Lebensjahr ist dermaßen schutzbedürftig und doch sieht der deutsche Staat hier keinen Topf für vor – dann, wenn dir im erwerbstätigen Sinne die Hände gebunden sind. Dein Ex darf selbstverständlich weiter sein Geld verdienen und auf Zahlungen warten lassen solange es kein Gerichtsurteil gibt. Und dennoch kannst du es schaffen. Wenn du keine Unterstützung durch Freunde und Familie bekommen kannst und vor der Schwangerschaft keiner Erwerbstätigkeit nachgegangen bist oder dies nicht lange genug getan hast, kann es passieren, dass du in Hartz IV rutscht. Mein Tipp: Wenn dies der Fall sein sollte, dann sieh dies als Übergangslösung an. Eine Einzimmerwohnung für das erste Lebensjahr – bis dein Kind womöglich in die Kita kann - spart auch ohne Harzt IV-Bezug Geld. Sobald dein Mini-Menschlein in die Kita oder zur Tagesmutter geht, kannst du dich finanziell wieder anders aufstellen, weil du wieder die Zeit dafür bekommst. Jedenfalls ist die Aussicht auf Hartz-IV niemals ein Grund sich gegen ein Kind zu entscheiden, das du haben möchtest. Denn du wirst diese Übergangsphase meistern und ganz nebenbei: Du kannst diese Zeit nutzen, dich finanziell unabhängig aufzustellen. Wie? Mit passiven Einkommensströmen, die dir auch das Alter versüßen können. Dazu jetzt mehr im Bereich Altersvorsorge.

Altersvorsorge – eine Liebesgeschichte

Wie stehst du zu Geld?

In unserer Gesellschaft herrscht der Glaubenssatz vor, viel Geld zu besitzen mache uns zu schlechteren Menschen. „Über Geld spricht man nicht“ – viele von uns sind in diesem Glauben großgeworden. Geld haben möchte zwar jeder, aber wie gut oder schlecht es einem geht – damit geht man nicht hausieren. Geld ist für viele von uns negativ besetzt. Was der Grund dafür ist, dass hart erarbeitetes Geld die meisten schnell wieder verlässt – das Konto gegen Monatsende wieder auf null oder gar im Minus steht. Geld haben möchte jeder gerne, Geld behalten nur die wenigsten. Genau da liegt das Problem. Der Unterschied zwischen den Reichen und der sich abrackernden Mittelschicht besteht darin, dass die Reichen wissen, wie man Geld behält und Steuervorteile nutzt. „Reiche arbeiten nicht für Geld, sie lassen ihr Geld für sich arbeiten", der wohl eindringlichste Satz aus Robert T. Kiyosaki

Finanz-Bestseller „Rich Dad, Poor Dad“. Das Zauberwort klingt unscheinbar und ist dennoch der Schlüssel zu einem ganz anderen Leben: behalten! Geld ist nicht dreckig. Geld muss nicht das Konto verlassen, sobald es eingetroffen ist, und: Über Geld spricht man!

Was wir brauchen ist das passende Money-Mindset. Dieses Wort-Konstrukt schwebt gerade im Bereich der Persönlichkeitsentwicklung über allem. Was genau bedeutet dieser Ausdruck überhaupt? Money – Geld, ist klar. Mindset – die Einstellung unseres Minds – unserer Gedanken und Gefühle. Kurzum: Unsere tiefsten Einstellungen und Überzeugungen, wie Geld zu betrachten ist, müssen wir so einstellen, dass wir Geld anziehen, lieben lernen und behalten, anstatt es wie bislang abzustoßen aufgrund von limitierenden Glaubenssätzen wie „Ich werde nie genug Geld haben“, „Ich bin es nicht wert viel Geld zu verdienen oder große, teure Dinge zu besitzen“, „Ich werde mir das Leben mit Baby nicht leisten können“.

Nun macht jeder Mensch im Laufe seines Lebens zahlreiche Erfahrungen und es entstehen ganz unterbewusst Einordnungen in jedem von uns. Oft sind uns unsere Glaubenssätze gar nicht bewusst. Wir wundern uns vielleicht manchmal, was wir falsch machen und warum manchen Menschen Dinge gelingen, von denen wir seit Ewigkeiten träumen, die bislang für uns aber nicht wahr geworden sind. Das alles hat nur einen Grund: Wir gestehen uns insgeheim und völlig unterbewusst nicht zu, dass wir es verdient hätten. Und genau da beginnt der Veränderungsprozess. Genau hier kann jeder von uns aktiv damit beginnen, mehr Geld in sein Leben zu ziehen. Wie aber ziehe ich nun Geld in mein Leben? Die Antwort: Mit dem Law of Attraction! Das Gesetz der Anziehung ist wissenschaftlich belegt und findet seinen Ausgangspunkt bereits in der Relativitätstheorie von Albert Einstein. Der Grundgedanke: Wir ziehen an, was wir aussenden. Und wir senden aus, was wir visualisieren – bewusst wie unbewusst.

Money-Mindset: Geld ist Energie

„Der Geist formt die Materie“, dessen war sich schon Sokrates bewusst. Geld ist nichts anderes als Energie und Energie folgt der Aufmerksamkeit. Wohin wir die Aufmerksamkeit lenken, zeigen uns unsere Gedanken. Richten wir unsere Aufmerksamkeit auf den Wunsch, viel Geld zu verdienen und uns eine gute Altersvorsorge aufzubauen, dann nennt man dies Visualisieren. Wir stellen uns vor, wie es wäre, viel Geld zu besitzen. Das Visualisieren macht aber nur die halbe Miete aus. Wünsche müssen wir nicht nur denken, sondern auch tief in uns fühlen. Stell dir einmal vor, wie du dich fühlst, wenn dein Konto deinen Wunschbetrag aufzeigt. Ziemlich befreiend und wohlig, nicht wahr? Je häufiger du in dieses Gefühl reingehst, umso näher kommst du deinem Ziel. Als hilfreich erweisen sich hier Mental-Trainings wie Meditationen und Affirmationen, sowie Dankbarkeit.

Affirmationen sind unsere Glaubenssätze. Üben wir immer wieder positive Affirmationen wie „Ich bin es wert mir ein Vermögen aufzubauen“, „Ich bin es wert, geliebt zu werden“, „Ich verdiene es so zu leben, wie ich es mir vorstelle und wünsche“, „Ich werde mir und meinem Baby ein wunderbares Leben erschaffen“. Diese Art des Mental-Trainings braucht Zeit und Übung, damit deine Affirmationen tief in dein Unterbewusstsein sickern.

Zu einem richtigen Money-Mindset gehört neben dem Verständnis für den Begriff Mindset, wie gerade erklärt, aber auch mehr Wissen im Bereich Money – kurzum: Geldwissen. Es kann nicht genug Geldwissen geben. Finanzielle Intelligenz ist kein Hexenwerk. Fast alles kannst du dir anlesen. Die eigentliche Kunst ist es, die richtigen, individuellen Einkommensströme zu finden, die für dich persönlich am lukrativsten sind und gut mit deiner Risikobereitschaft und aktuellen finanziellen Möglichkeiten übereinstimmen.

Passives Einkommen generieren

Du darfst so viel Geld verdienen wie du möchtest. Geld verdienen darf auch einfach sein. Frage dich nur immer wieder wie und womit du zu mehr Geld kommen kannst und du wirst Lösungen finden. Denn wer eine Frage stellt, denkt ernsthaft über eine Antwort nach. Besonders gute Möglichkeiten bieten dir passive Einkommensströme. Dies bedeutet ganz einfach, dass du nicht mehr deine Zeit 1:1 gegen Geld eintauschen musst, sondern einmalige Investitionen (dies kann in Form von Geld und/oder Zeit sein) tätigst, die sich dann fortlaufend für dich auszahlen. Frag dich, was du in deinem Alltag ohnehin tust, das du ganz nebenbei zu Geld machen kannst? Du zeichnest und designst gerne? Dann lade dein Design auf T-Shirt-Plattformen hoch und schaue, wie es angenommen wird. Es kostet dich nichts außer eine halbe Stunde, die du dir ein Konto anlegst und dein Design hochlädst. Du nähst, strickst, handwerkelst oder kochst gerne? Dann erstelle doch DIY-Anleitungen oder Kochbücher und verkauf sie als eBook. Wenn du mehr zu passiven Einkommensströmen wissen möchtest und nach Input suchst, findest du diesen auf: https://www.passives-einkommen-fuer-frauen.de

BLOCK II

Mama sein

Die ersten Wochen mit dem Baby

Herzlichen Glückwunsch und willkommen in einer neuen Welt. Ich hoffe euch geht es gut und du genießt die erste Zeit mit deinem Mini-Menschlein so gut du kannst. Vielleicht ertappst du dich dabei, stundenlang die kleinen Fingerchen anzuschauen, die noch nicht einmal komplett um einen deiner Finger schließen können oder du bestaunst jedes kleine Gähnen. Vielleicht realisierst du all dies aber auch noch gar nicht und bist damit beschäftigt zu heilen. Beides ist völlig in Ordnung.

Neue Prioritäten

Wenn dein Baby da ist, tauchst du wieder in eine Welt ein, auf die du dich nicht wirklich vorbereiten konntest. Ich weiß noch genau, wie ich über alle Meilensteine der Schwangerschaft Bescheid wusste, aber irgendwie nur bis zur Geburt gedacht hatte. Und dann war mein Mini-Menschlein plötzlich da und ich dachte – okay, und was jetzt?

In der Zoohandlung wird man beim Erwerb eines Kaninchens gefragt, ob man sich über die artgerechte Haltung auch ja ausgiebig informiert hat. Im Krankenhaus bekommt man sein Kind in die Arme gedrückt – „Herzlichen Glückwunsch, hier ist Ihr Baby."
Die erste Nacht allein Zuhause mit Säugling ist irgendwie ganz besonders. Hoffentlich passiert nichts, aber was sollte schon passieren? Wenn es weint einfach das Ausschlussprinzip anwenden: füttern, wickeln, kuscheln – Repeat. Irgendwas davon wird es schon richten.
Alle paar Stunden wirst du aus dem Schlaf gerissen, wenn du denn überhaupt schläfst und in den ersten Nächten nicht nur damit beschäftigt bist dein Baby zu beobachten.
Es ist eine ungewisse, aber wunderschöne Zeit, die du versuchen kannst, auch als solche wahrzunehmen. Ich erinnere mich auch daran, wie ich in dieser eigentlich so besonderen Zeit viel auf die kurzen Momente gewartet habe, in

denen der Vater meines Kindes zu Besuch kam. Der Kontakt brach am fünften Lebenstag dann wieder ab. Nun lag da dieses Mini-Menschlein und wollte versorgt werden und irgendwie habe ich am Anfang nur funktioniert und eben dieses kleine Baby versorgt. Noch kennt man sich gar nicht und muss sich erst einmal aneinander gewöhnen. Wenn ich mir heute alte Fotos anschaue, erkenne ich dieselben Gesichtsausdrücke, die mein Sohn auch heute noch hat – nur wusste ich damals noch nicht ansatzweise, was welcher Ausdruck genau bedeutet. Heute, da ich seine Mimik sehr gut kenne, weiß ich ganz genau, was er mir damals zu verstehen geben wollte. Ich erkenne so viel seines Charakters schon in den Bildern seiner ersten Stunden. Doch damals konnte ich damit noch so gar nichts anfangen. Das hat nichts damit zu tun, dass ich emotional immer wieder in tiefe Traurigkeit gefallen bin, weil ich das Alles nicht teilen konnte – zumindest nicht mit dem Menschen, der für

mich in dieser Situation dazugehört hätte. Dieses Gefühl, erstmal bloß ein Baby zu versorgen und noch nicht zu realisieren, dass das wirklich das eigene Kind ist, kennen wohl sehr viele Mütter.
Ihr gewöhnt euch aneinander, lernt einander kennen und das in einer hundertprozentigen Abhängigkeit. Dieses kleine Leben hängt nun für die nächste Zeit von deiner Fürsorge ab und auch wenn das an manchen Tagen zu Überforderungen führen kann, weil die Verantwortung mal schwer mal gar nicht auf einem wiegt, so handelt es sich bei diesem „Versorgungsstatus“ um eine recht überschaubare Zeit deines Lebens.
Frauen werden im Durchschnitt in Deutschland 84 Jahre alt. Davon ein, zwei Jahre in diesem permanenten Versorgungsmodus zu sein, ist da doch verschwindend gering. Kinder werden immer selbstständiger und schnell wünscht man sich die Zeit zurück, zu der sie deutlich pflegeintensiver waren – einfach, weil sie so

niedlich und klein waren. An den Sprüchen der alten Frauen „Genießen Sie es, die werden so schnell groß“ ist tatsächlich etwas dran. Das erste Lebensjahr erschien mir je nach Phase und je nachdem, ob die Nacht gut war oder nicht, entweder sehr kurz oder unfassbar lang. Das zweite Lebensjahr verstrich irgendwie schneller und dass seit dem zweiten Geburtstag meines Sohnes bald schon wieder ein Jahr vergangen ist, kann ich mir überhaupt nicht erklären – irgendwie gewinnt diese Reise an Speed.

Das kann nun beruhigend sein, weil es signalisiert, dass du nicht ewig wie ein Eremit leben wirst oder dich manchmal als Sklave eines Säuglings begreifst – aber es ist auch ein Indiz dafür, bewusster wahrzunehmen. Nur weil wir alles allein stemmen und daher regelmäßig auf Zeiten hoffen, in denen die Kinder selbstständiger werden, sollten wir nicht durch die ersten Jahre hetzen und nur auf Meilensteine warten. Nimm dein Kind bewusst wahr.

Versuche jede Phase zu genießen. Denk immer daran, dass die Zeit bald schon rennen wird und dein Mini-Menschlein nur einmal so klein sein wird. Diese Zeit ist kostbar und manchmal müssen wir innehalten und genau das erkennen und uns mit ganz wachen, aufmerksamen Augen das Leben anschauen, das durch uns entstanden ist und unseren Alltag um 180 Grad gedreht hat. Es geht nicht darum, auf den passenden Zeitpunkt zu warten, um wieder in unseren vor-mütterlichen Alltag zu wechseln, sondern darum, im Moment zu genießen und nicht nur rückblickend beim Betrachten von Kinderfotos, die vielleicht gerade mal ein Jahr alt sind.

Nun ist da also dieses Mini-Menschlein und stellt das Leben auf den Kopf. Du baust deinen Alltag um – auf die Bedürfnisse deines Kindes ausgerichtet und gehst dabei am Anfang vermutlich über deine Grenzen, denn du möchtest alles

andere ja genauso gut weiterführen wie vor der Geburt. Eine Idee, die sich rächen kann.
Stress dich nicht, die Zeit für saubere Fenster und geleckte Böden ist halt einfach nicht jetzt. In ein paar wenigen Jahren kannst du dich wieder ausgiebig dem Fruchtfliegenfleck am Küchenfenster widmen, Wäsche nicht länger als eine Stunde in der Waschmaschine verweilen lassen und dir deine Wohnung mit hübscher Deko herrichten. Wie gesagt – diese Zeit ist nicht unbedingt jetzt. Deko wird nur zerhauen und somit zur Gefahr. Du befindest dich in deinem Leben nach der Geburt und wie schon alte Glaubenssätze, darfst du auch deinen alten Alltag und alle damit verbunden Ansprüche an dich selbst loslassen und neue Wege beschreiten.
Der glorreiche Tipp „Schlaf, wenn das Baby schläft“ hat bei mir nie funktioniert. Ich kann tagsüber nicht besonders gut schlafen und hinzukommt, dass ich zum Einschlafen länger

gebraucht hätte als mein Kind für den Mittagsschlaf – das Ergebnis: eine ziemlich zermatschte Mama.

Anderthalb Jahre bin ich selbst abends nochmal aufgestanden, habe meinen Kreislauf zum hundertfünfzigsten Mal an diesem Tag hochgepusht, weil ich noch die Wäsche umstecken oder irgendetwas anderes im Haushalt erledigen wollte, dass ich nach spätestens 24 Stunden erneut tun musste. Wie im Hamsterrad – und täglich grüßt das Murmeltier.

Den eigenen Kreislauf immer wieder über seine Grenzen zu prügeln und zu treten rächt sich. Irgendwann entwickelte ich sogar Panikattacken. Immer dann, wenn ich über meinen Müdigkeitspunkt hinausging. Ich bekam Herzrasen und konnte stundenlang nicht einschlafen. Ich beobachtete dies eine ganze Zeit lang, begab mich in Behandlung, weil es mich beunruhigte und ich abends Angst vor der Angst bekam.

Irgendwann erkannte ich, dass ich nicht in diese Situation kam, wenn ich den Haushalt einfach Haushalt sein ließ und nach einem anstrengenden Tag einfach mit meinem Kind im Bett liegen blieb, und wenn es auch erst 20 Uhr war. Mittlerweile weiß ich, dass ich maximal zwei Abende am Stück länger wachbleiben kann. Ab dem dritten Abend schleicht sonst das ungute Gefühl wieder heran. Also bleibe ich nur noch für sehr ausgewählte Dinge länger wach. Etwa, wenn ich an einem spannenden Projekt arbeiten möchte, etwas lesen oder eine Investorensendung im TV schauen möchte. Am Abend Nummer drei verschwinde ich dann wieder mit meinem Kind in die Nachtruhe.

Jeder von uns lernt in dieser Situation Dinge über sich selbst und das ist wunderbar. Versteif dich nicht auf gestern und höre auf das, was dir dein Körper im Hier und Jetzt sagt. Nichts ist wichtiger als deine Gesundheit, denn du bist das Rädchen, das alles für euch am Laufen hält, also öl dich gut.

Meine liebsten Alltagshacks

Dazu gehört auch, sich das Leben dort einfacher zu machen, wo es geht. Dazu zählen:

- Wasch wie es dir gefällt. Wenn die Maschinen mal ausbleiben, ist das nicht schlimm, dann freust du dich vielleicht sogar an einem einzigen Tag mehrere Ladungen zu bearbeiten und so einen Punkt von deiner Liste streichen zu können
- Wenn du mit der Flasche fütterst, dann füll schon eine Flasche mit dem Milchpulver ab und stell eine Thermokanne mit heißem und eine mit kaltem Wasser daneben ans Bett. Du sparst dir das Aufstehen und musst deinen Kreislauf nicht gänzlich hochfahren, um nachts dein Baby zu versorgen. Nach kurzer Zeit hast du das richtige Mischverhältnis raus und musst nicht Ewigkeiten das Fläschchen abkühlen sondern kannst direkt servieren. Das schont Nerven und erspart nächtliches Babyweinen. Das kalte Wasser sollte aber

bitte abgekocht sein, zumindest solange wir von einem Säugling reden

- Für die ersten Tage kann es das Leben leichter machen, wenn du dir Essen auf Rädern bestellst, du gewinnst so Zeit für dich und dein Baby und schonst deine Ressourcen nach der Geburt
- Bau vielleicht von Beginn an einen Omitag ein oder sorge anderweitig für Entlastung durch eine liebe Person, der du vertraust. Das hat unter anderem auch den Vorteil, dass dein Kind eine weitere Bezugsperson bekommt, bei der es sich später wohlfühlt

Sicher siehst du auch viel von deinem Ex in eurem Kind. Immer wieder sprechen Menschen davon, was die Ähnlichkeit zum Ex-Partner mit dir macht. Ob man sich erinnert fühlt und seine Emotionen gegenüber dem Ex auf das Kind projiziert. Für mich der größte Blödsinn überhaupt. Es ist sogar ganz das Gegenteil. Ich liebe alles an meinem Kind, was es von seinem Vater hat. Warum auch nicht? Schließlich habe ich diesen Menschen ja auch einmal geliebt. Rückblickend fallen einem auch erst Eigenarten des Ex anhand des Kindes auf, die man nie so intensiv wahrgenommen hat, nun aber ganz klar vor Augen hat.

Das Verhalten des Ex und das Baby – das sind zwei Dinge, die für mich in keinerlei Zusammenhang stehen.

Es wird nun viele erste Male geben. Das erste Mal mit dem Kinderwagen spazieren fahren. Das erste Zähnchen oder die ersten Bauchschmerzen. Das erste Lächeln, das nur dir gelten wird. Die erste längere Nacht, der erste Brei. Die erste Babymassage, das erste Baby-Bad. Der erste Ausflug, das erste Interesse am Activity-Bogen oder anderen Spielzeugen, das erste Mal Wippen. Okay, da ist auch das erste Mal kalter Kaffee im Spiel, aber irgendwann schmeckt einem auch das. Das erste Krabbeln, die ersten

Schritte. Bis ihr euer erstes Jahr gemeinsam gerockt habt, erlebt ihr viele große und kleine Abenteuer.
Und auch Sorge ist das erste Mal mit von der Partie – und ich meine echte, ehrliche Sorge. Schon mit dem positiven Schwangerschaftstest spürt man sie – die Sorge um dieses kleine Wesen, von der man fürchtet, dass sie einen nie wieder verlassen wird. Vermutlich wird sie das auch nicht. Meine Oma macht sich heute noch Sorgen und Gedanken um meinen Vater. Diese Sorge ist aber nicht dafür da dich zu lähmen, oder damit du dich in irgendwelche Dinge reinsteigerst. Diese Sorge ist evolutionär gesehen wichtig für das Überleben deines Kindes. Nur weil du so fühlst hast du alles im Blick und erkennst Gefahren für dein Mini-Menschlein. Du wirst dich daran gewöhnen und die Sorge wird nicht immer so präsent sein wie sie es am Anfang ist.

Nimm dir die Zeit, um dich mit deinem Baby einzugewöhnen und zwar richtig Zeit. Die Zeit des Wochenbetts von zwei Wochen ist nur die erste Regenerationszeit für deinen Körper, um die Geburt zu verarbeiten. Am Ende dieser Zeit musst du noch längst nicht alles wissen oder dein Kind super gut kennen – das geht auch gar nicht. Welchen Menschen kennt man schon wirklich nach zwei Wochen?
Mach alles in deinem Tempo und frag nach Hilfe, wenn du welche brauchst. Welche Freunde, Familie, Verwandte oder Nachbarn könntest du ansprechen? Du kannst aber auch deine Hebamme anrufen, den Kinderarzt aufsuchen, dich an pro familia, die Caritas oder das Jugendamt wenden.
Wenn dich die emotionale Situation mit deinem Ex zu sehr belastet, dann scheue zu deinem Wohl und dem deines Kindes auch nicht davor zurück einen Psychologen aufzusuchen – alles

was dir hilft, ist als gut zu betrachten, und was dir hilft, darüber entscheidest du.

Netzwerken: Kleine Ziele für jeden Monat

Was du ab jetzt auch tun kannst, ist dich wunderbar mit anderen Mamas zu vernetzen. Du könntest dir kleine Netzwerk-Ziele setzen und dir dein Umfeld so optimieren, dass es zu deinen Bedürfnissen passt und du Ressourcen hast, auf die du im Zweifelsfall zurückgreifen kannst. Netzwerk-Ziele könnten wie folgt aussehen (dies ist nur ein Beispiel, um dir ein paar Ideen zu geben. Sicher fällt dir noch viel mehr ein):

Monat 1: Kennlernzeit. Du wirst hier mehr Kontakt mit Hebamme, Kinderarzt, Frauenarzt und evtl einer Haushaltshilfe haben. Die ersten vier Wochen gehen so schnell rum, da bleibt neben dem Kennenlernen mit deinem Mini-Menschlein nicht wirklich Zeit für anderes. Und welcher frischgebackenen Mama steht in dieser Zeit schon der Kopf nach Netzwerken?

Monat 2: Es wird Zeit sich um einen Rückbildungskurs zu bemühen. Diese Kurse kannst du auch mit Baby machen und du lernst andere Mamas kennen, die wie du kürzlich entbunden haben – tauscht euch aus.

Monat 3: Wie wäre es mit einem Pekip-Kurs für den Nachwuchs? Auch hier lassen sich Kontakte knüpfen.

Monat 4: Wenn du bislang noch nichts Passendes gefunden hast, dann könntest du auch über Gruppen in Sozialen Medien oder über den Verband alleinerziehender Mütter und Väter adäquate Anlaufstellen finden.

Monat 5: Vielleicht war dir dein Kind bislang noch zu klein, um es ein paar Stunden regelmäßig abzugeben aber einen Omitag oder ähnliches zu etablieren wäre eine schöne Idee, die dir Luft verschafft und deinem Kind eine weitere Bezugsperson bietet. Wenn du keine Großeltern hast, dann schau doch, ob es das

Programm der Leihomas und -opas in deiner Nähe gibt.

Monat 6: Vielleicht hast du dich schon in deiner Umgebung nach einer Kita umgesehen. Es gibt fast überall Angebote für Krabbelnachmittage. Schau doch nach solchen Angeboten. Hier können die Kleinen schon etwas interagieren und du bekommst wertvolle Informationen zum Ablauf rund um die Themen Kita und Anmeldefristen – vielleicht triffst du hier schon auf Mamas, die du später häufiger sehen wirst, etwa weil eure Kinder gemeinsam zur Kita gehen werden

Monat 7: Viele Städte haben Eltern-Cafés mit schönen Spielbereichen für die Kleinen. Auch hier kannst du mal bei einem Kaffee durchatmen und andere Mamas mit Kids treffen.

Monat 8: Manche fangen schon deutlich früher an, doch eigentlich ist jetzt ein guter Moment, um mit dem Babyschwimmen anzufangen. Hier kannst du weitere Kontakte knüpfen. Im Wasser ist man sich ohnehin recht nah in einem solchen Kurs und interagiert viel. Schau, wer dir sympathisch ist. Wer weiß, auf wen du hier triffst. Ich habe beim Babyschwimmen zu diesem Zeitpunkt meine beste Mama-Freundin kennengelernt. Ihre Tochter ist nur fünf Tage jünger als mein Sohn und im selben Krankenhaus geboren. Wir stellten fest, dass wir in unmittelbarer Nähe zueinander wohnen, haben weitere Programme mit unseren Kindern gestartet, verbringen viel Zeit miteinander und aktuell – zwei Jahre später - gehen die Kinder in dieselbe Kita-Gruppe. Perfekt.

Monat 9: Erste Spielplatzeroberungen gefällig? Natürlich spielt da auch immer die Jahreszeit eine Rolle. Wenn es diese erlaubt, könntet ihr nun die ersten Erfahrungen machen. Die meisten Kinder sitzen in diesem Alter bereits und können die Babyschaukeln ausprobieren oder einfach austesten wie sich Sand anfühlt – und unter Umständen auch schmeckt. Auf einem

Spielplatz ist man selten allein und kommt fast von allein ins Gespräch.

Monat 10: Wie ist eigentlich deine Nachbarschaft gestrickt? Wer viel Zeit mit Kind Zuhause verbringt, bekommt deutlich mehr von seiner Nachbarschaft mit, als jemand, der eigentlich nur zum Schlafen Zuhause ist. Schau, mit wem du dich gut verstehst. Vielleicht kannst du Kontakt zu anderen Eltern in unmittelbarer Nähe aufbauen oder findest eine liebe Omi oder einen Opi, die sich gut mit euch verstehen.

Monat 11: Mancherorts gibt es für die Kleinen schon kleine Treffs mit musikalischem Fokus. Deine Stadt oder Kommune wird dir einen Überblick über städtische Angebote und vielleicht auch darüber hinaus, geben können.

Monat 12: Viele Kinder fangen nun oder in den kommenden Wochen an zu Laufen. Du könntest zum Kinderturnen gehen, um das Körperbewusstsein deines Kindes zu unterstützen und auch hier triffst du wieder auf eine breite Masse an Menschen, mit denen du dich austauschen kannst.

Vorteile Alleinerziehende zu sein

Es gibt viele Vorteile alleinerziehend zu sein. Ich unterteile diese Vorteile in persönliche, innere Vorteile und äußere, gesellschaftliche Vorteile.

Deine inneren Vorteile:

Du bist räumlich von deinem Ex getrennt und dein Reich unterliegt ausschließlich deinen Regeln. Kein Hinterherräumen oder Diskussionen um die Einrichtung oder den Haushalt. You are the boss! Dies bedeutet auch, dass du über Rituale mit deinem Kind bestimmen kannst. Du musst keine Kompromisse finden und kannst die Kindheit deines Mini-Menschleins ganz nach deinen eigenen Vorstellungen gestalten.

Du wählst aus, was auf den Tisch kommt, wie eure Freizeitgestaltung aussieht und wohin ihr in den Urlaub fahrt.

Du kannst deine eigenen Ziele verfolgen, ohne dabei Rücksicht auf etwaige Termine deines Ex nehmen zu müssen.

Du wirst durch das Alleinerziehend sein unfassbar wachsen, Krankenschwester sein, beste Freundin, Anlaufstelle Nummer eins, wenn es um kleine Wehwehchen aber auch die große Liebe deines Kindes geht.

Du bekommst die Chance deines Lebens, wenn du dich nun notgedrungen mit den Finanzen auseinandersetzt, denn die Situation alleinerziehend zu sein ist die größte Chance für deine Altersvorsorge. Du wirst auf die Bereiche Persönlichkeitsentwicklung und finanzielle Bildung stoßen und beides wird dein Leben positiv bereichern. Du wirst nicht in der Altersarmut landen, wenn du diese Schritte gehst und dich mit dem Aufbau deines Vermögens beschäftigst. Leseempfehlungen zu diesen Bereichen findest du hinten im Buch.

Deine äußeren Vorteile:

Als Alleinerziehende wirst du bei der Vergabe von Kita- und OGS-Plätzen höher priorisiert. Da du Alleinverdienerin bist für deine kleine Familie und außer dir niemand deine Familie ernähren kann, wirst du hier bevorzugt. Mancherorts sind Plätze super rar und da hilft es nicht allein-erziehend zu sein, aber in einer Vielzahl der Fälle hilft es eben doch.

Warum du stolz sein kannst, eine Single Mom zu sein

Du rockst dein Leben als Single Mom und die Welt kann dir einfach nichts mehr vormachen. Es wird nichts mehr geben, dass dir groß Angst machen könnte – außer die normale mütterliche Sorge um den Nachwuchs. Aber dort draußen gibt es einfach keine Herausforderung, die größer wäre und da du dich einfinden und das alles meistern wirst, wird alles andere im Vergleich zum Kinderspiel.

Geh raus und hol dir, was dir zusteht – hol dir, was du willst. Sei stolz auf dich und darauf, was du schon alles geschafft hast. Erinnere dich bei jeder Situation, die dich nervös macht – wie etwa Bewerbungsgespräche oder Gehaltsverhandlungen – daran, dass du einen Menschen auf die Welt gebracht hast und diesen ganz allein versorgst. Mal ehrlich, wer will dir noch was vor machen? Das soll dir dein Chef erstmal nachmachen. Bis das passiert, weißt du vermutlich eine ganze Menge mehr über das Leben und Belastbarkeit.

Feier die Feste wie sie fallen und dabei ist alles ein Fest – ob groß oder klein. Den Wäscheberg bezwungen zu haben ist ein Erfolg. Das Kind angezogen und in die Kita gebracht zu haben ist ein Erfolg. An manchen Tagen ist es ein Erfolg aufgestanden zu sein – also hey, denk am Ende des Tages nicht, du hättest nichts geschafft, denn in Wahrheit hast du vermutlich mehr geschafft als andere in einer ganzen Woche.

Berufstätig mit Kleinkind

Der Wiedereinstieg der Mutter in den Beruf ist ein Thema, dem sich ganze Abteilungen der Arbeitsagenturen verschrieben haben. Für Mütter, die längere Zeit aus dem Arbeitsleben ausgeschieden sind, weil sie vielleicht mehrere Kinder hintereinander betreut haben, gibt es Maßnahmen, um wieder Anschluss im Berufsleben finden zu können.

Wer nun sein erstes Kind bekommen hat und damit völlig alleingelassen wird, kann nur versuchen die Gelder auszureizen, die ihm zustehen. Elterngeld werden die meisten wohl auf ein Jahr laufen lassen, es sei denn, die monatliche Summe ist zum Leben noch groß genug, wenn zwei Jahre beantragt werden.

Auch der Unterhalt allein wird das Leben mit Kind für die meisten nicht finanzieren können. Fakt ist: Ohne Job fehlen Einnahmen und Einnahmen sind essenziell wichtig – nicht nur für das tägliche Leben, sondern auch für deine Altersvorsorge.

Viele Mütter, die bereits in der Schwangerschaft die volle Verantwortung für alles Weitere tragen mussten und Erspartes aufgebraucht haben für einen guten Start mit Baby, werden in dieser Situation nach einem Kita-Platz ab dem zweiten Lebensjahr ihres Kindes suchen. Bei der Vergabe werden Alleinerziehende in der Regel leicht bevorzugt behandelt, da klar ist, dass sie als Alleinverdiener für die Existenz ihrer Kinder sorgen.

Dein Kind mag zu diesem Zeitpunkt erst ein Jahr alt sein, aber du hältst dich und euch bereits seit fast zwei Jahren über Wasser. Dass du es bis hierher geschafft hast, ist wundervoll und zeigt, dass alles möglich ist! Aber sicher stimmst du mir zu, wenn ich sage, dass nun gerne wieder mehr Geld reinkommen darf.

Hierfür gibt es aber nicht nur den einen Weg, sondern gleich mehrere. Es ist nicht zwangsweise nötig, Vollzeit arbeiten zu müssen, dein Kind nicht mehr zu sehen und das alles, um sagen zu können, „Ich mache das, um uns ein gutes Leben zu bieten“. Sicherlich ist dies ein Weg, aber ich möchte dir hier auch andere Wege aufzeigen. Denn wann soll euer gutes Leben denn da sein? Euer Leben ist bereits jetzt da und darum darf es auch bereits jetzt gut sein!

Zurück in den Job – geht das für mich persönlich überhaupt?

In welchem Beruf bist du tätig und passt dieser jetzt noch in dein Leben? Nur weil du vielleicht bereits einige Jahre in der Pflege gearbeitet hast, bedeutet das nicht, dass du dich nun mit Kleinkind durch ein unmöglich realisierbares Schichtsystem quälen musst. Denn: Berufe sind veränderbar.

Ja, wir haben alle unsere Abschlüsse in gewissen Bereichen, aber das bedeutet nicht, dass wir nur wegen eines Stücks Papier für den Rest unseres Lebens darauf festgenagelt sind. Wir

haben uns einmal für etwas entschieden und das können wir auch wieder tun.
Welchen Beruf könntest du dir für dich in deiner aktuellen Lebenslage gut vorstellen? Was würde dir Spaß machen und ließe sich mit deiner Mamarolle vereinen? Bei welchem Gedanken fühlst du dich wohl? Wie möchtest du euer Leben gestalten?
Du wählst deinen Job, nicht der Job dich. Das ist ähnlich wie beim Gassigehen – wenn der Hund mit dir spazieren geht anstatt du mit ihm, dann läuft was schief.
Überlege dir, welche Schritte du unternehmen musst, um nach deinen Vorstellungen arbeiten zu können. Schreib dir diese Schritte auf.
Wenn das bedeutet, Klinken drücken zu gehen, dann ist das ein sinnvoller Weg. Werde dort vorstellig, wo du es dir vorstellen kannst, sei ehrlich und transparent und mache selbstbewusst klar, warum du ein Gewinn bist.

Deine Mamarolle qualifiziert dich zu nahezu allem auf diesem Erdball. Gut – ohne entsprechendes Studium wirst du nun nicht Chirurgin in der Notaufnahme, aber du hast unendliche Chancen.

Du bist eine Superheldin, die den ganzen Tag nur Probleme löst. Du hast Manager-Fähigkeiten, von denen manche Unternehmen träumen. Mach dir deinen Wert bewusst und verkaufe dich ja nicht darunter.

Wenn es dein Berufsfeld bzw. deine Vorstellung zulässt, dann könntest du auch über eine Selbstständigkeit nachdenken. Lass dich auch hier nicht von Vorurteilen leiten. Wenn du ernsthaft daran interessiert bist, dein Berufsleben vollständig eigenständig zu bestreiten, dann hol dir auch hier Rat bei Menschen, die diesen Schritt gegangen sind. Und nicht bei Menschen, die genervt und unerfüllt jeden Tag zur Arbeit fahren, weil ihre Angst zu groß ist, ihren eigentlichen Traum zu verwirklichen.

Es gibt 2,2 Millionen Selbstständige in Deutschland – wenn du weißt, worauf du achten musst, dann kann das sehr gut laufen. Du bekommst zumindest einen Gestaltungsfreiraum, mit dem du auch deinem Kind noch gerecht werden kannst – etwas, das leider in vielen Unternehmen immer noch nicht möglich ist.

Ja, du wirst höhere Kosten für Krankenversicherungen und weitere Beiträge haben, aber du kannst auch dein Arbeitszimmer von der Steuer absetzen und du legst entsprechend auch deinen Stundensatz fest. Rechne dir aus, wo dein Stundensatz liegen muss, um nach allen Abzügen noch eine vernünftige Zahl unterm Strich stehen zu haben.

Wenn du eine Idee hast, die du gerne selbstständig angehen möchtest, du dir selbst aber die Anlaufzeit vermeintlich sicherer gestalten möchtest, dann kannst du auch versuchen eine Anstellung auf geringer

Stundenbasis zu bekommen und parallel dein eigenes Business aufbauen.

Wer kann dich bei deinem Vorhaben unterstützen? Wenn dir eine Idee kommt, dann gehe zumindest kleine Schritte unmittelbar, denn wenn du gar nichts unternimmst, dann ist die Gefahr groß, dass dein Ziel wieder in weite Ferne rückt. Jeden Tag ein paar kleine Schritte können dich sehr weit bringen.

Eins nach dem anderen zu tun ist nicht immer sinnvoll. Manchmal ist es klüger, mehrere kleine Schritte für unterschiedliche Projekte parallel zu gehen.

Die meisten Menschen überschätzen, was sie in einem Jahr schaffen können und unterschätzen, was sie in einem Jahrzehnt erreichen könnten.

Mit einem Mischverhältnis aus Angestelltenarbeit und Selbstständigkeit kannst du zumindest einen Teil deiner Einnahmen am Anfang fix kalkulieren.

Was ebenfalls zur regelmäßigen Einnahmensteigerung führen kann, ist das passive Geldverdienen. Im Bereich Finanzen sind wir hier bereits darauf eingegangen. Mit passivem Einkommen erzielst du Einnahmen, während du gerade mit deinem Kind auf dem Spielplatz spielst. Nämlich dann, wenn sich ein Buch oder ein Kalender von dir via Amazon verkauft oder wenn jemand ein T-Shirt bestellt, das dein Design trägt.

Welche Möglichkeiten dir hier offenstehen, siehst du auf:

https://www.passives-einkommen-fuer-frauen.de

Was dir Arbeit langfristig bringen sollte

Die meisten Menschen gehen zur Arbeit, um sich den Monat leisten zu können. Am Ende des Monats ist vor dem Monat. Sie sind also immer wieder aufs Neue von ihrem Gehaltsscheck abhängig. Dabei sollte sich Arbeit langfristig lohnen und das tut sie nicht durch spätere Auszahlung der Rente, denn der Betrag, der dort bei den meisten von uns auf dem Papier steht, dürfte nicht für eine Woche reichen.

Arbeite so, dass du dir nicht nur das monatliche Leben leistest. Bezahle dich am Anfang eines Monats von deinem Gehalt selbst und stecke eine gewisse Summe in einen Sparplan. Sorge vor, aber lebe auch. Beides sind Komponenten, die sich miteinander verbinden lassen.

Da wir alle bei der Nullzins-Politik nichts davon haben, Geld auf dem Sparbuch mühsam anzusammeln, könnte sich je nach Risikobereitschaft das Investieren für dich lohnen. Für den langfristigen Vermögensaufbau lohnen sich zum Beispiel ETFs. Passiv gemanagte Aktienfonds. Zu diesem Thema empfehle ich den Finanzratgeber von Natascha Wegelin „Madame Moneypenny“. Wichtig für das Investieren an der Börse ist aber: Nutze hierfür nur Geld, auf das du nicht angewiesen bist!

Mein Tipp: Schau dich um, was an passiven Einkommensströmen dich anspricht und fange mit einer Sache an. Beschäftige dich mit den Themen, die dich interessieren und leg dann einfach los. Erst im Kleinen und alles weitere kommt von ganz allein.

In jedem Fall lohnt es sich als alleinerziehende Mama darüber nachzudenken, ob man seine Arbeitszeit wirklich in den Dienst anderer stellen möchte. Möchtest du für einen Chef arbeiten und auf dessen Meinung angewiesen sein oder möchtest du frei darüber entscheiden können, wie und wann du arbeitest.

Ich habe mich zunächst ganz normal auf Stellen beworben, als klar war, dass mein Sohn einen Kitaplatz bekommt. Monatelang schrieb ich Bewerbungen, ging zu Vorstellungsgesprächen und war innerlich extrem hibbelig, unruhig und dadurch schon mitten am Tag extrem erschöpft. Als ich dann den Entschluss fasste, mich selbstständig zu machen, fiel all diese Unruhe von mir ab. Zunächst hatte ich geglaubt, mich würde die Vorstellung stressen keinen Job zu finden, doch nachdem ich den Entschluss der Selbstständigkeit gefasst und eine Stelle sogar abgesagt hatte, wurde mir schlagartig klar, dass das, was mich eigentlich wirklich die ganze Zeit so gestresst hatte, die Vorstellung war, ich müsste meinen Sohn um 6 Uhr morgens aus dem Bett zerren, um ihn ja nicht später als 7.15 Uhr in der Kita abzuliefern, um dann selbst bloß nicht später als 8 Uhr in einem Büro zu sitzen, wo ich bis 16 Uhr ohne Pause durcharbeiten müsste, um im Laufe der Woche auf 40 Stunden zu kommen.

Den Stress mache ich mir nicht. Ich bin der festen Überzeugung, dass dieser Rhythmus (und der Haushalt ist in dieser Zeitplanung absolut gar nicht berücksichtigt), absolut ungesund und nicht durchhaltbar gewesen wäre.

Meine Vorstellung sieht ein solches Dilemma einfach nicht vor, und ich wünsche jeder Mama, dass sie für sich aus dem ausbricht, was ihr am meisten Druck macht. Es ist dein Leben und die Kindheit deines Kindes. Du entscheidest! Auch im Beruf.

Eine spirituelle Sicht der Dinge

Was mir persönlich sehr hilft und was ich als wertvoll erachte, ist ein Perspektivwechsel. Wir alle sind oft so in unserem Trott und in unseren persönlichen kleinen und großen Dilemmas verwickelt, dass wir es oft versäumen, mit Abstand auf unsere Situation zu schauen. Ich persönlich liebe es, mein Leben aus universeller Sicht zu betrachten. Was ich damit meine ist, mal innezuhalten, einen Schritt zurück zu machen und das große Ganze zu betrachten. Wie bei einem Gemälde, das eine ganze Hausfassade in ein wunderschönes Meisterwerk verwandelt und bei dem zwar immer im Kleinen an der ein oder anderen Stelle gewerkelt wird, aber das Gesamtbild – das Motiv, dass du dabei erschaffst – lässt sich erst mit genügend Abstand erkennen. Unser Meisterwerk mag keine Hausfassade zieren, aber unser Meisterwerk ist unser Leben. Der Blick von einem höheren

Standpunkt hilft ungemein, uns selbst zu erkennen und weiterzuentwickeln.
Wir sind Teil eines unglaublichen Universums, indem alles wie ein gewaltiges Puzzle zusammen gehört. Kein Teilchen ist wichtiger als das andere – alle sind gleichbedeutend, denn jedes Teilchen wird gleichermaßen gebraucht, um Gänze zu erschaffen.
Aus dem Universum betrachtet sind unsere Probleme häufig winzig klein, und wenn wir selbst ins Universum reisen und von dort hinab auf unser Leben schauen würden, dann würden wir genau das auch erkennen. Was ist schon die Welt? Lass die Welt, Welt sein.
Vertrau in das Universum. Auch wenn es schmerzt und wir im Moment nicht erkennen können, wozu etwas vielleicht gut ist, so erkennen wir es häufig im Rückspiegel. Irgendwann – in ein paar Wochen, vielleicht in ein paar Jahren – ganz egal wann, aber irgendwann schaust du in den Rückspiegel deines Lebens

und auf deinem Gesicht macht sich ein breites Lächeln breit, weil du plötzlich erkennst. Du erkennst, warum etwas in deinem Leben eine Wende genommen hat, die dir wehgetan hat, doch ohne diese Wende wärst du nicht an den Ort gekommen, an dem du im Moment deiner Rückschau stehst. Es mag so viel Glück vor dir liegen, das dich niemals gefunden hätte, wenn es diese Wende nicht gegeben hätte.

In unserem Leben gibt es viele Wendepunkte. Wir sind wie Leistungsschwimmer, die vor dem Ende einer Bahn im Schwimmbad eine Rolle unter Wasser machen und sich mit aller Kraft vom Beckenrand abstoßen, um die nächste Bahn zu schwimmen. Manchmal sind wir dabei noch zu weit vom Beckenrand entfernt, sodass nur unsere Zehen sich abstoßen können und wir nicht ganz den Schwung mitnehmen, den wir eigentlich bräuchten. Deswegen ist aber noch niemand ertrunken. Manchmal sind wir auch zu nah dran, sodass wir fast mit dem Kopf in die

Wende donnern. Und manchmal sind unsere Wenden auch einfach nur perfekt und glanzvoll. Von der persönlichen Metaebene betrachtet erfüllt alles einen Sinn. Du hast einen Sinn. Dein Leben hat einen Sinn. Verluste haben einen Sinn genauso wie deine aktuelle Situation. Ohne dich wäre das Universum zu dieser Zeit nicht vollständig. Das Universum kann nicht auf dich in deiner jetzigen Form verzichten – es braucht dich, um ganz und heile zu sein.

Du kannst das Universum auch nach Antworten fragen, und wenn du in allem Hinweise siehst, dann verrät dir das Universum mitunter viel. Ich habe rückblickend betrachtet einige klare Botschaften des Universums in Bezug auf die Beziehung zum Vater meines Sohnes nicht sehen wollen. Ich habe viele kleine und große Botschaften bekommen, auf die ich hätte hören können. Ob ich mich ärgere nicht gehört zu haben? Absolut nicht. Ich weiß, dass diese kleine Seele über uns geschwebt ist. Ich bin davon überzeugt, dass sich Seelen ihre Wege suchen. Es sollte alles ganz genauso passieren, wie es passiert ist. Wäre es anders gekommen, dann gäbe es dieses Buch hier nicht. Wäre es anders gekommen, hätte ich nie versucht anderen Mamas in dieser Situation ein Hilfsangebot zu erstellen – sei es durch Bücher, Seminare oder den Podcast. Und wenn am Ende nur einer einzigen anderen Mama mit diesem Ratgeber geholfen ist, dann war es das für mich schon wert. Dann erfüllt meine Erfahrung den Sinn, den ich ihr geben möchte.

Ich mag nicht immer auf das Universum gehört haben. Doch ich bin wachsamer und räume klaren Zeichen mehr Raum ein – ich höre mehr auf das Universum, denn ich weiß, dass es mir nur Gutes tun will, egal wie kurvig oder steinig die Wege manchmal sind, auf die es mich schickt.

Vielleicht klingt all dies viel zu abgespaced für dich, vielleicht weißt du aber auch ganz genau, wovon ich hier schreibe. Sicherlich kennst du das Phänomen der Telepathie. Du denkst an jemanden und in genau diesem Moment ruft diese Person an oder in selber Minute kommt eine E-Mail rein – oder ihr habt Ewigkeiten nicht mehr miteinander kommuniziert und schickt euch in selber Minute wie aus heiterem Himmel eine Nachricht. Aus heiterem Himmel – eine schöne Floskel, die doch irgendwie auch sehr universell ist. Fast jeder Mensch hat schon einmal solche Erfahrungen gemacht.

Das Spannende für Skeptiker meines kleinen, spirituellen Exkurses hier, dürften die folgenden Facts sein:

- Wenn die Energiebahnen des Universums beleuchtet würden, ergeben sie ein Bild, dessen Struktur dem Synapsen-Geflecht im menschlichen Gehirn gleicht. Das fand die NASA heraus
- Kinder sind spirituell gesehen noch nah an „der Quelle“ – die Fontanelle ist noch nicht

zugewachsen und es wird davon gesprochen, dass der Mensch über eine Öffnung im Kopf mit den Energiebahnen des Universums unmittelbar verbunden ist – wenn alles durch dasselbe Energiesystem fließt, dann erschließt sich auch das Phänomen der Telepathie

- Einige Kinder erzählen in jungen Jahren Dinge aus ihrem Vorleben. Oft tun wir Erwachsene dies als Fantasie ab – doch die Aufzeichnungen von Ian Stevenson, Begründer der Reinkarnationsforschung, sprechen Bände. Nun tauchen wir mit dem Thema Reinkarnation in Religion ein. Die Bibel lässt die Möglichkeit der Reinkarnation nicht zu – allerdings ist Reinkarnation ein wesentlicher Bestandteil des Hinduismus, und der Hinduismus gilt als eine der ältesten Religionen der Welt. Vielleicht verhält es sich hierbei ein wenig wie beim Spiel „Stille Post“ – Am Anfang kommt die Nachricht der

Wahrheit noch am nächsten. Vielleicht waren die Begründer dieser Religion noch nah an der Quelle allen Seins

- Meridiane (Energiebahnen) im menschlichen Körper wurden wissenschaftlich belegt. Das bedeutet: Alte Völker, Albert Einstein und Heiler aus allen möglichen Ländern wurden in der Annahme bestätigt, dass alles aus Energie besteht. Die winzigste Einheit, in die sich alles zerlegen lässt, ist das Atom. Das was mit Prana (Lebensenergie) bezeichnet wird, fließt durch uns hindurch. Wenn es zu Blockaden des Energieflusses kommt, dann können Krankheiten entstehen
- Akupunktur, Autosuggestion, Reiki, Massagen und Yoga basieren auf diesem Wissen und sollen die Energiebahnen freihalten oder Blockaden auflösen
- „In jeder früheren Kultur und medizinischen Tradition wurde Heilung durch Bewegung

von Energie erreicht." – Albert Szent-Györgyi, Mediziner, Biochemiker und Nobelpreisträger

Alles besteht also aus Energie, und Energie schwingt. Alles ist ständig in Bewegung, und auf welcher Frequenz wir schwingen (Gefühle und Gedanken geben uns Aufschluss darüber, ob wir hoch oder niedrig schwingen) entscheidet über unser Befinden. Das Schöne ist: Wir können die Frequenz mit etwas Übung selbst wechseln – fast so leicht wie den Radiosender im Auto.

Universell betrachtet gibt es nur eine Antwort: Deine Situation ist das, was du daraus machst.

It all starts with you! – Ein Appell an die Selbstliebe

Liebe ist das beste Gefühl, das wir leben und die wohl höchste und schönste Schwingung, auf der wir unterwegs sein können. Die gute Nachricht ist: Wir brauchen dafür niemanden, denn Liebe beginnt im Innen. Liebe fängt bei dir selbst an. Liebe dich selbst – du hast allen Grund dazu. Liebe deine Eigenarten und all die kleinen unperfekten Dinge, die dich zu dir machen. In all den Liebesliedern dieser Welt geht es genau darum – darum, nicht perfekt zu sein. Liebe deinen Körper wie er ist – hey, dein Körper ist großartig, er versorgt gerade dein Baby oder hat dies vor kurzer Zeit noch getan. Das Leben ist immer für dich, nie gegen dich. Dir geschehen keine Dinge, die du nicht schaffen würdest. Du machst einen Unterschied auf dieser Welt und das nicht nur für dein Kind oder deine Kinder. Du kannst alles sein, was du sein möchtest, du kannst dich verändern, wenn du das möchtest, und das ist das Großartigste. Wir alle ärgern uns mal über uns selbst oder über unsere Reaktionen – besonders mit Kindern in der Trotzphase. ABER: Wir haben jeden Tag aufs Neue die Gelegenheit, die Mama zu sein, die wir sein wollen.

Über deinen Wert bestimmt nicht das Außen und auch keine andere Person, sondern nur du selbst. Du gibst dir selbst einen Wert und sonst niemand. Setz dir Ziele und nimm dir Dinge vor, die dich glücklich machen.

Du bist dein höchstes Gut und das Wertvollste in deinem Leben und momentan – mit einem hilfe- und liebebedürftigen Mini-Menschlein - bist du auch das Wichtigste für dein Kind. Also behandle dich gut, schone deine energetischen Ressourcen und hör auf dein Gefühl.

Ich wünsche dir nur das Allerbeste und eine wundervolle, verbundene Beziehung zu deinem Kind. Ich freue mich schon jetzt mit dir, wenn der Moment da ist, indem du lächelnd in den Rückspiegel deines Lebens schaust und erkennst, wie wertvoll diese Wende in deinem Leben für dich war.

In universeller Liebe,

Deine Sina

Empfehlungen

Bücher

Gut leben als Alleinerziehende von Silke Wildner: https://amzn.to/2UM2tR9

Madame Moneypenny von Natascha Wegelin: https://amzn.to/39jTlbz

Rich Dad, Poor Dad von Robert T. Kiyosaki: https://amzn.to/32GpDvN

Podcast

„Das AE-Team – der positive Podcast für Alleinerziehende und solche die es werden (wollen)“ von Sina Wollgramm und Silke Wildner: https://www.podcastfabrik.de/podcasttipps/ae-team/
Auf Spotify, Apple Podcast, Deezer und überall, wo es Podcasts gibt!

Netzwerken

Das AE-Team bei Instagram:

https://www.instagram.com/das_ae_team/

Das AE-Team bei Facebook:

https://www.facebook.com/dasaeteam.podcast/

Gut alleinerziehend auf Instagram:

https://www.instagram.com/gutalleinerziehend/

Gut alleinerziehend auf Facebook:

https://www.facebook.com/gutalleinerziehend/

Gut alleinerziehend auf Pinterest:

https://www.pinterest.de/gutalleinerziehend/

Gut alleinerziehend auf Twitter:

https://twitter.com/guterziehend

Facebook-Gruppen

Gut alleinerziehend (nur für Frauen):
https://www.facebook.com/groups/265677690820366/

Gut alleinerziehend Mixed (für Männer und Frauen):
https://www.facebook.com/groups/766623993724920/

Blogs

https://www.gut-alleinerziehend.de von Silke Wildner
https://www.hellihocheins.com von Sina Wollgramm
https://www.passives-einkommen-fuer-frauen.de von Sina Wollgramm und Monika Gohmert

Printed in Poland
by Amazon Fulfillment
Poland Sp. z o.o., Wrocław

16192136R00096